# 乡村振兴战略下农村公共体育服务治理路径研究

王广亨 著

延边大学出版社

**图书在版编目（CIP）数据**

乡村振兴战略下农村公共体育服务治理路径研究 /
王广亨著. -- 延吉：延边大学出版社，2023.2
ISBN 978-7-230-04523-0

Ⅰ. ①乡… Ⅱ. ①王… Ⅲ. ①农村－群众体育－公共
服务－研究－中国 Ⅳ. ①G812.42

中国国家版本馆CIP数据核字(2023)第038540号

乡村振兴战略下农村公共体育服务治理路径研究
---------------------------------------------------------------

著　　者：王广亨
责任编辑：乔双莹
封面设计：文合文化
出版发行：延边大学出版社
社　　址：吉林省延吉市公园路977号　　　　邮　　编：133002
网　　址：http://www.ydcbs.com　　　　　 E-mail：ydcbs@ydcbs.com
电　　话：0433-2732435　　　　　　　　　 传　　真：0433-2732434
印　　刷：天津市天玺印务有限公司
开　　本：710×1000　1/16
印　　张：12
字　　数：200 千字
版　　次：2023 年 2 月 第 1 版
印　　次：2024 年 6 月 第 2 次印刷
书　　号：ISBN 978-7-230-04523-0
---------------------------------------------------------------

定价：58.00元

# 前　　言

　　乡村振兴战略是习近平总书记在党的十九大报告中提出的重要战略。"产业兴旺、生态宜居、乡风文明、治理有效、生活富裕"是实施乡村振兴战略的总要求。完善农村公共体育服务治理体系是乡村振兴的有效措施。公共体育服务是公共服务体系的重要组成部分。只有构建完善的农村公共体育服务治理体系，为农民体育健身活动和其他农村体育活动提供物质上的支持和制度上的保证，才能更好地促进农村体育事业的协调发展。

　　当前，体育事业在农村社会发展中发挥着越来越重要的作用，农村现代化也包括农村体育现代化，它与"农村美、农民富、农业强"的实施目标紧密相连。然而，不可忽视的是，当前我国城乡体育发展不均衡、不深入的问题尤为突出，乡村振兴关系到我国能否从根本上解决城乡发展不均衡的问题，关系到我国能否实现城乡一体化和农业一体化的可持续发展问题。

　　目前，我国正处于乡村振兴战略实施的初期，需要科学把握农村公共体育服务治理对乡村振兴的意义，深挖公共体育服务在农村发展过程中出现的问题，进而有针对性地制定出合理的方案，为推动乡村振兴贡献力量。基于此，本书既对乡村振兴战略下农村公共体育服务治理的基本理论进行了研究，又着重介绍了农村公共体育服务的治理路径，旨在进一步提升我国农村公共体育服务水平。笔者在撰写本书的过程中，参考和借鉴了国内相关研究成果，在此对相关作者表示诚挚的感谢。由于笔者的学识和经验有限，书中难免有疏漏和不足之处，恳请各位专家与广大读者批评、指正。

王广亨

2022 年 12 月

# 目　录

# 第一章　公共体育服务与农村公共体育服务治理体系概述

## 第一节　公共体育服务

### 一、公共体育服务的内涵

内涵是一个概念所反映的事物的本质属性的总和，也就是概念的内容。金岳霖等人认为"概念的内涵，就是概念所反映的事物的特有属性"，苏天辅认为"内涵就是对一个概念对象特有属性的反映，或者说，内涵是反映一个概念对象特有属性的思想"，有的学者认为"概念的内涵是指概念所反映的对象的本质属性。它是概念的质，即通常所说的概念的含义"，也有学者认为"概念的内涵就是反映在概念中的对象的特有属性或本质属性，通常也可叫作概念的含义"。由上可见，尽管各学者对概念的内涵的揭示有所差异，但都不约而同地明确了一点，即内涵反映和规定着概念的质的方面，是属性，是含义，是物质共同的本质属性。清晰、准确地定位内涵是展开后续理论研究的基石，是研究科学化的保障。

就公共体育服务而言，其内涵所包含的内容应是最能体现公共体育服务特质的各种要素的总和。它是以关注公民体育需求为己任的公共服务，服务的内

1

容包括体育设施建设、信息咨询、健身指导、组织管理、体质监测、政策制定、体育保险提供等，服务供给主体是公共组织或准公共组织，服务的对象为具有体育权利的社会公民，价值取向以促进人类健康为主。

## 二、公共体育服务的特征

### （一）均等性

公共服务均等化是指以政府为主体的各类公共组织考虑到公民的生活需要，按全国统一的标准为公民提供无差别的、基本的公共产品和服务，强调享有基础性的公共服务项目的机会均等、结果均等。公共体育服务均等化是指政府在不同阶段，按照不同标准，在区县、省市乃至全国，为公众提供大致相同的体育公共产品和服务。这是政府公共服务均等化政策在体育领域的体现。也就是说公共体育服务要以公平为基础，允许地区间在一定时期内存在一定的差异，但要保证底线（即平均最低水平）在全国范围内的均等。

公共体育服务应是公平分配的服务，公共体育设施和公共体育资源应均等分布，尽可能保证人人都享受到政府提供的同等程度的公共体育服务。公共体育服务的均等性突出地体现了社会平等的伦理要求。目前，我国公共体育服务强调的均等化主要有两层意思：第一，全体公民享受公共体育服务的机会均等；第二，公共体育服务所能满足的公民体育需求程度的均等。这种均等既是绝对的，又是相对的，是绝对与相对的协调统一。公共体育服务均等化是时代和构建和谐社会的要求，是社会公平的重要体现，因此在当前的政治、经济、文化背景下，切实加强我国公共体育服务均等化建设具有重要的时代意义和现实意义。

## （二）公益性

公益是一个比较宽泛的概念，是公共的利益（多指卫生、救济等群众福利事业）。公共体育服务的定性决定了这项"社会公益事业"中汇集了"一定的福利政策"。公共体育服务应具有公益性质，即要以社会效益为重，即便是企业提供，甚至是社会力量融入，也应在政府的指导和监管下，不以追求利润为目的，低价或免费向公民提供体育公共产品和服务，以有效地协调公共利益，满足人民群众日益增长的体育需求，实现人的全面发展，体现政府的服务职能与人文关怀。

## （三）多样性

公共体育服务的多样性主要表现为服务群体的多样性、体育需求的多样性、服务内容的多样性、供给主体的多样性。随着经济的发展、社会的进步，社会分层逐步细化。受职业、年龄、居住区域等因素的影响，公共体育服务的对象也呈现出多样化的趋势。多样化的服务对象群体有多元化的体育需求。多元化的体育需求需要丰富多彩的服务内容来满足。丰富的服务内容需要多领域的政府部门、体育总会、项目协会、文体站、社会体育服务站来提供。

## （四）便利性

我国地域辽阔，地形复杂，不同的地理环境下的人们有不同的生活方式与习惯。因此，政府提供的公共体育服务应是近距离的、经常性的、方便快捷的，以使人们随时随地获得。尤其是对于老年人，公共体育服务的便利性决定了其参与体育活动的积极性。

## （五）区域性

虽然在改革开放以后，我国民族融合大大加强，但各民族在经济上、文化上的差别依然存在。我国不同地区的体育文化无论是在改革开放前还是在改革开放后始终在相互碰撞、融合的过程中呈现出鲜明的区域文化特色，并通过具体的公共体育服务需求表现出来。例如，新疆各族人民喜欢骑马、射箭等，广西融水等地区的少数民族喜欢舞蹈等，这就要求相关部门提供更多的群众喜欢的公共体育服务。这些形式多样、独具特色的公共体育服务，集健身、娱乐、观赏、保健医疗等功能于一体，构成了我国独有的区域体育人文景观。

# 三、公共体育服务的内容

政府要想健全职责体系，完善公共服务体系，就必须在经济发展的基础上，更加注重社会建设，着力保障和改善民生，推进社会体制改革，扩大公共服务覆盖范围，完善社会管理体系。公共体育服务是社会公共服务的重要内容，是构建服务型政府的重要内容之一。公共体育服务体系是一个体现公平、公正、公益，能够为民众提供基本体育服务的体系，是一个政府领导、部门组织、行业合作、社会兴办的多元体系，其实质是把影响公共体育服务的各项事业整合成一个有机整体，使资源配置最优化、管理工作规范化、服务效益最大化，从而保证民众享有基本的体育服务。

## （一）体育设施建设服务

体育设施是国家体育事业发展、各项体育政策法规实现的重要物质基础。公共体育设施的规划和建设更是进一步落实《全民健身计划（2021—2025 年）》，进一步改善国民体质与健康状况，进而提高中华民族整体素质，推进社会主义物质文明和精神文明建设的重要条件保障。《全民健身计划纲要》明确提出："体育场地设施建设要纳入城乡建设规划，落实国家关于城市公共体育设施用地定额和学校体育场地设施的规定。任何单位和个人不得侵占体育场地设施或挪作它用。各种国有体育场地设施都要向社会开放，加强管理，提高使用效率，并且为老年人、儿童和残疾人参加体育健身活动提供便利条件。"《全民健身计划（2021—2025年）》也指出："加大全民健身场地设施供给。制定国家步道体系建设总体方案和体育公园建设指导意见，督导各地制定健身设施建设补短板五年行动计划，实施全民健身设施补短板工程。"

在改善民生、提高国民素质的大背景下，公共体育设施在建设、使用、管理等方面存在众多问题，应逐步解决与完善。要维护公共体育设施作为国家公共财产、公共服务产品的公共性，加强对公共体育设施的管理，建立规范的服务标准，合理扩大服务内容；修建住宅区的体育设施，开放周边校区的体育场馆，确保场地资源充足，营造舒适的体育环境，方便居民参与体育活动。

（二）体育信息咨询服务

随着国家体育事业的快速发展以及人们对体育运动认识的逐步深化，原有的体育信息系统已经不能适应形势发展的需要。因此，各种体育报纸、杂志，不同类型的体育信息咨询机构、网点，以及各类情报机构相继出现，使体育信息系统朝着发展体育产业、协调体育社会化目标、扩大体育服务范围的方向发展。体育信息咨询服务包括运动训练与竞赛信息服务、学校体育信息服务、体育健身信息服务、体育文化传播服务、体育保健信息服务、体育服饰信息服务、体育旅游信息服务等。体育信息咨询服务应以亲民、利民、便民为出发点，遵循多元化、科学化的原则，建立多元的公共体育服务窗口与体育信息服务平台。国家应设置体育信息服务网站、体育信息咨询论坛、电话热线、市民信箱，发行大众体育杂志以及通过在报纸、电台、电视开设大众体育栏目等形式建设体育信息咨询渠道，宣传科学健身的知识、理念、方法，有效引导居民的体育行为，促使居民形成科学、健康、文明的生活方式。

## （三）体育健身指导服务

体育健身指导是提高人们锻炼质量与效果的有力保障，要建立一个科技含量高、实用性强，集国民体质监测、运动能力评价、运动健身指导于一体的体育健身指导服务体系，推动科学健身、全民健康理念的普及，营造群众积极参与运动健身、科学有效锻炼身体的良好氛围；通过本地培养与外地派遣等方式，在各公共体育服务场所安排社会体育指导员进行体育指导服务。同时，规范社会体育指导员的行为，注重提高社会体育指导员的指导技能和指导水平，通过运动技能指导、健身方法推广、体育科普宣传等形式，使居民积极参与科学健身活动，享受运动乐趣。

## （四）体育组织管理服务

体育组织管理是将一定的社会组织作为体育管理的主体，依据组织目标和组织规范，运用特定的职权和手段，以参加体育工作、体育活动的其他人和组织为管理客体的一种体育管理形式。体育组织管理服务应将分散、分离的体育资源（人、财、物等）逐步整合为一个整体，强调发挥整体的功能。各组织应建立相关的激励制度和倾斜政策（援助制度），调动人们参加社区体育活动的积极性，勇于接受社会的监督。在国家层面，应成立各级体育组织，采用专职、兼职、义工等形式，鼓励体育专业人士参与体育组织管理工作，推动各级公共体育服务组织建设。

## （五）国民体质监测服务

国民体质监测是全民健身体系的重要内容，是检验全民健身计划实施效果的有效手段。在建设中国特色社会主义新时期，国民体质监测应服务于物质文明建设、精神文明建设、政治文明建设、社会文明建设等，将马克思主义关于人与社会协调发展的理论作为指导，不断提高人们对国民体质是国家综合国力的基本内容和国民素质的组成部分的认识程度，进一步明确国民体质是衡量社会发展水平的重要标准，以普遍增强国民体质为目标，将以人为本的理念融入构建国民体质监测服务体系的工作之中。完善国民体质监测体系，逐步实现由国家组织定期抽查转变为社区（村）组织全员定期检查，及时公布体质监测结果，适时改变健身计划，调整相应措施，以促进国民体质健康。

## （六）体育政策制定服务

体育政策作为社会政策的一种，有其自身的规范性与特殊性。体育政策的制定体现了国家对体育运动的价值导向，体现了一定历史阶段国家体育工作的重点，是对体育工作全方位的设计与规划。体育政策的制定既要考虑公众的基本需求，也要注重部分个体的需求；既要促使竞技体育创先争优，又要兼顾群众体育百花齐放。这就要求相关单位在制定体育政策时，必须建立完善的监督机制、约束机制，使体育政策的制定真正地反映公众的利益，给体育发展以正确的导向。

### （七）体育保险提供服务

虽然我国体育大国的地位已经基本确立，但是作为体育产业重要组成部分的体育保险提供服务仍处于发展阶段。体育保险提供服务的内容有体育赛事保险、体育场馆保险、健身运动保险等。体育保险提供服务会对运动员的意外伤亡、体育场馆的经营管理、群众体育锻炼的意外伤害等提供相应的保障，对于保证体育市场安全、繁荣体育事业具有一定的现实意义。要通过转变大众观念、加大宣传力度、实现产品创新、加强人员培训、完善法规制度等途径，建立多元的体育保险服务体系，为体育强国建设贡献力量。

## 四、公共体育服务的分类

公共体育服务是政府履行公共服务职能的具体体现，是衡量社会文明程度的标志之一，也是现代社会全面、和谐发展的基础。在传统思维中，公共体育服务是服务业中的免费部分，这是从最狭义的角度来理解公共体育服务。有人认为，受众的全民性、需求的普遍性、供给的（政府）垄断性、交易的免费性、管理的政治性（作为政治任务来完成）是公共体育服务的应有之义。如果囿于这样的理解，政府就不能从公共体育服务唯一直接供给者的角色中脱身，非政府组织也就没有进入公共体育服务领域的动力。事实上，在当代中国，公民对公共体育服务的需求是多元的，仅靠政府是无法满足的。体育社团、企业必然在公共体育服务的后续发展中起到越来越重要的作用。

因此，依据供给主体的不同，可将公共体育服务分为单一供给主体公共体育服务和多元供给主体公共体育服务。另外，根据不同的分类标准，亦可将公共体育服务进行不同的分类。依据服务对象的不同，可将公共体育服务分为竞技公共体育服务、群众公共体育服务、学校公共体育服务；依据服务区域的不同,可将公共体育服务分为全国性公共体育服务和地方性公共体育服务;依据经济性质的不同,可将公共体育服务分为营利性公共体育服务和非营利性公共体育服务;依据公民需求程度的不同,可将公共体育服务分为基础性公共体育服务和选择性公共体育服务;依据服务内容的不同,可将公共体育服务分为健身设施服务、健身组织服务、体质监测服务、健身指导服务、体育活动服务、信息咨询服务、体育保险提供服务等,如表 1-1 所示。

表 1-1　公共体育服务分类表

| 序号 | 分类标准 | 分类内容 |
|------|----------|----------|
| 1 | 供给主体 | 单一供给主体公共体育服务、多元供给主体公共体育服务 |
| 2 | 服务对象 | 竞技公共体育服务、群众公共体育服务、学校公共体育服务 |
| 3 | 服务区域 | 全国性公共体育服务、地方性公共体育服务 |
| 4 | 经济性质 | 营利性公共体育服务、非营利性公共体育服务 |
| 5 | 需求程度 | 基础性公共体育服务、选择性公共体育服务 |
| 6 | 服务内容 | 健身设施服务、健身组织服务、体质监测服务、健身指导服务、体育活动服务、信息咨询服务、体育保险提供服务等 |

无论何种公共体育服务,都应保证公民平等地享受各项服务,努力维护与实现体育公平。

## 五、公共体育服务的功能

### (一)公共体育服务是实现体育强国的重要保障

就我国体育发展的现状来看,我国正处于积累量的快速发展阶段,并朝着体育强国的方向发展,但离真正意义上的体育强国还有很长的一段路要走。公共体育服务是公共服务的重要组成部分,完善公共体育服务体系,提高公共体育服务水平，是我国实现由体育大国向体育强国迈进的重要保障。

## （二）公共体育服务是实现政府职能转变的标志

随着社会主义市场经济的深入发展，体育事业开始从国家统包统管向市场化、产业化转变，这就意味着体育将由政府主导、国家投入的传统模式向政府主导、社会投入的现代模式转变。公共服务是我国社会转型、政府职能转变的风向标，国家应更加重视发展社会公共事业，完善公共服务体系。公共体育服务体系建设已随着国家体育发展战略重心的转移和体育事业规划的制定，成为当前及今后我国体育事业发展的重要标志。

## （三）公共体育服务是解决民生问题的重要抓手

体育事业是一项社会性事业，与民生问题密切相关，是公共服务的主要内容和重要载体。处于新的历史时期，具有多种基本要素的公共体育服务体系，在积累、传承、创新和发展民族体育，落实公民体育权利，满足城乡居民日益增长的体育需求等方面，起着十分重要的作用，是解决民生问题的重要抓手。

## （四）公共体育服务是实现社会公平的重要手段

从体育权利的视角来看，公民享有公共体育服务既是现代民主精神的体现，也是公民享受体育权利的体现，更是公民享受社会福利的体现。国家在确保公民平等地享有公共体育服务的同时，要注重公共体育服务体系的建设，提高公共体育服务水平，培养具有体育权利意识的公民，积极调动公民参与体育锻炼的热情，促进我国体育事业的和谐发展。

# 第二节 农村公共体育服务治理体系

## 一、农村公共体育服务治理体系的概念

中国共产党第十八届中央委员会第三次全体会议针对我国社会体制改革，提出全面深化改革的总目标是"完善和发展中国特色社会主义制度，推进国家治理体系和治理能力现代化"，这是党的文件首次提出"国家治理体系"这一重大命题。国家治理是现代国家所特有的一个概念，是在扬弃国家统治和国家管理的基础上形成的。国家治理体系是党治国理政、管理国家的重要依靠，其以对地方的治理体系、治理能力和治理效能为主要内容，是指在党领导下管理国家的制度体系，包括经济、政治、文化、社会、生态文明和党的建设等各个领域的体制机制、法律法规安排，也就是一整套紧密相连、相互协调的国家制度。

体育治理体系是国家治理体系的重要组成部分，体育治理与国家治理是局部与整体的关系。系统、完善的体育治理体系是推进体育强国建设、实现全民健身图景，促进体育全面协调可持续发展的重要保证。而农村体育治理作为体育治理的一个重要方面，其治理结果也会对国家治理产生一定的影响。因此，就农村公共体育服务治理来说，构建良好的农村公共体育服务治理体系就显得尤为关键，其不仅是实现农村体育事业健康发展的必要前提，也是建立现代化国家治理体系的重要保障。

厘清"农村公共体育服务"的概念是构建农村公共体育服务治理体系的重要前提。目前，对于这一概念比较权威的解释是由彭国华、庞俊鹏从供给主体、供给客体、供给方式、供给内容和供给最终目的五个方面所给出的，即"农村

公共体育服务"是政府、市场、体育社会组织等不同供给主体，利用特有的资源优势，通过多种途径与方法，向广大农民提供体育产品的行为的总称，旨在充分保障农民体育权益与满足农民体育需求。

"农村公共体育服务治理体系"由"农村公共体育服务治理"和"体系"两个部分构成，因此探析"农村公共体育服务治理体系"的含义也必须从这两个方面入手。尽管近年来有关农村体育治理的研究已经成为学界讨论的一个热点，但对于农村公共体育服务治理仍没有一个明确而公认的定义。通常当对于某一概念解释不清时，可以从其上位概念入手，进而找出它们所共有的一些特征。"体育治理"和"农村体育治理"是"农村公共体育服务治理"的上位概念，范叶飞、马卫平认为"体育治理"本质上属于"治理"的一种，通过对"治理"的概念、主体、性质和运行机制等特征进行分析，最终得出体育治理是指在强调体育利益主体多元化的前提下，为实现国家体育事务发展目标和体现公平与效益，通过一系列的制度安排，协同各类体育组织、利益群体和公民个体，共同管理体育公共事务和推动体育发展的持续过程。胡庆山、曹际玮也通过对"治理"概念的界定及其与"统治""管理"概念的区分，最终从善治的角度得出以下结论：农村体育治理是政府、社会组织、农民等多元主体在农村体育领域开展合作管理并达到善治的一个过程。可以说，农村公共体育服务治理的概念特征在某种程度上也与其存在着相似之处。

在当前强调公民权利、构建服务型政府的背景下，首先，治理主体多元化，包括政府、市场、社会组织和个人；其次，治理运行多向化，摒弃以往治理客体被动接受的情况，强调主体与客体的合作，即将自上而下和自下而上相结合；再次，治理性质服务化，农村公共体育服务治理是治理者为满足农村居民体育需求，增强其体育体验感的一种行为，表现为治理主体有强烈的服务意识；最后，治理机制复合化，在具体的治理技术、手段上强调市场机制、激励机制等多种内外机制的联动。至此，结合上述体育治理的概念和特征，笔者将"农村公共体育服务治理"暂且定义为：政府、市场、社会组织和个人等多元主体共同参与的，为满足农村居民体育需求、提高其体育参与感，通过一系列的制度安排和多种治理机制，实现治理主体和客体双向互通，从而共同管理农村公共体育事务和推动农村体育发展的持续过程。

体系原意是指一定范围内的同类事物按照一定秩序组合而成的整体。《辞海》对"体系"一词的解释是：若干有关事物互相联系、互相制约而构成的一个整体。

结合二者的具体含义，我们认为农村公共体育服务治理体系应当是指政府、市场、社会组织和个人等多元主体共同参与的，为满足农村居民体育需求、提高其体育参与感和实现治理主体与客体双向互通而共同管理农村公共体育事务并推动农村体育发展的，由一系列制度安排和多种治理机制所构成的有机整体。

可以发现，无论是"农村公共体育服务"，还是"农村公共体育服务治理"，抑或是"农村公共体育服务治理体系"，都在一直强调主体"多元化"、过程"民主化"，这也反映了当前时期，我国经济社会发展所需要的正是多元化的协同参与主体，应减轻政府行政压力，提高治理效率。并且在当前建设服务型政府和强调公共服务治理社会化的背景下，农村公共体育服务治理体系也必须是一种建立在民主协商、平等互助基础上的多元主体共同参与的农村体育和农村公共体育服务管理的体系。

## 二、农村公共体育服务治理体系的基本特征

农村公共体育服务治理体系是国家治理体系中用于调控农村体育事业发展的那部分，根据上述对其概念的分析并结合当前愈发强调治理"效率""效

能"的社会环境，现代化的农村公共体育服务治理体系应当包含以下几个重要特征。

## （一）理论性

农村公共体育服务治理体系是在国家治理体系的指导下，结合国外多种先进理论经验所形成的以制度为核心的治理体系。而该体系的有效运行依赖科学理论的指导。从内容构成上来看，毛泽东思想、邓小平理论、"三个代表"重要思想、科学发展观、习近平新时代中国特色社会主义思想等理论，以及多中心治理理论、协同治理理论、新公共服务理论等国外理论共同指导着该体系的运行发展，其中国内的理论经验在体系运行方向和思想把握上起着把控全局的作用，是现代化农村公共体育服务治理体系的思想内核。

## （二）实践性

构建出的农村公共体育服务治理体系是扎根于中华大地、指导国内社会发展的治理体系，是党和人民长期实践和探索的结果，蕴含了无数劳动人民的智慧和汗水。从形成上看，该体系吸纳了国外先进的发展经验，如美、英、日等国家所强调的引导社会力量参与农村公共体育服务治理的思想。这些思想虽符合当下国际治理的主流方向，但在实际运用时必须考虑中国国情，在市场化、社会化的过程中以政府为主导，坚持党的领导核心地位。

## （三）传承性

现代化的农村公共体育服务治理体系是以深厚的中华文化为根基的。在构建时须考虑中华文化的独特优势，在以人民为中心思想的指导下，从更加全面的角度来思考问题，体现文化的传承性。体系的运行不仅要从各子体系的构建和组成出发，更要考虑体系所面临的外部环境，考虑农村居民的可参与性和可接受性。在不同地区，应根据当地经济社会发展的实际情况和农村居民的生活特点，有针对性地改善治理体系的运行条件，使体系的运转更加符合实际要求，更加有利于传承。

## （四）认同性

农村公共体育服务治理体系在实践运行中表现出多方面的功能和优势，这些功能和优势在被本地区人民高度认同的同时，也会逐渐向国内其他地区甚至是国际社会传播。农村社会科学研究者就需要将这些地方性的功能和优势加以整理、分析，并将其传播出去，这既能增强我国人民对农村公共体育服务治理体系的认同，也能让国际社会看到农村公共体育服务治理体系的"中国经验"。

# 三、农村公共体育服务治理体系的理论基础

## （一）多中心治理理论

多中心治理理论是以奥斯特罗姆夫妇（Vincent Ostrom and Elinor Ostrom）为思想源头的一代学术工作者，基于发展中国家乡村共享水塘资源群研究实践提出的。多中心治理的基础思想是将乡村社群的政府管控变为一定程度上的公共事务乡村自治。在此思想的指导下，乡村自治能发挥一些基本作用，一方面可以降低政府对乡村的直接管控成本，降低政府直接管理失效的风险，另一方面可以使乡村社群维持一定的原生态活性。尽可能让乡村问题自主内化与社会化，是该种治理模式的基础性目标。

多中心治理的发展理念基于多中心治理理论。多中心治理运用具有多种表

现形式的权力来管控公共事务，提供公共服务，注重在治理规则的制定过程中激发各参与方的互动性与能动性，形成自发秩序或自治结果。多中心治理引入众多管辖单位并为其配备规则的制定权与执行权，所制定的规则必须既相互制约又相对独立。参与公共治理的各方在地位上都是独立且受限的，避免有超越法律权威的不受约束的个人或团体存在。多中心治理理论是一种多元化理论，强调公共职能部门、企事业单位、非营利性组织、民间个人等不同社会角色，本着地位平等的原则，共同参与公共领域的治理、公共事务的处理以及不同主体间利益关系的协调。

在管理公共事务方面，多中心治理理论主张将多种制度规划相结合，强调多主体共同治理，认为共同行动可对常见于社会管理中的集体困境予以良好反应。在我国，由国内学者构建的多中心治理模式，一般基于政府主导，强调发挥企业、组织和个人等主体的联合作用，这种治理模式不同于狭义或者纯粹意义上的"多中心"。必须因地制宜地引入多中心治理理论并加以改造。在社会组织的监督管理过程中，政府应引导各级基层主体发挥应有的治理作用，把每个主体相互联系起来，把政府与各级监督管理主体的互动关系建立起来，把以往受单一主体监管的模式，变为受行业、第三方机构、社会公众、利益相关者等多元化主体共同监管的模式。多中心治理理论强调打破传统单一中心体制下权力高度集中的桎梏，在政府和市场之外引入第三中心，从而形成治理权力共有、治理责任共担、治理成果共享的新型治理格局。满足公民的参与意愿和多样化的公共需求，最大限度保障公民的公共权益，是公共事业治理的根本目标。多中心正是拓宽公民参与路径，进而实现自主治理的根本前提。代表社会公众意愿的第三部门能够在绝对公有与绝对私有两个极端之间开辟出一条主客相通的绿色通道，借助这一通道能够在公共资源有限的情况下发挥其最大价值，更有效地解决公民急切的公共需求。多中心最显著的特点就是治理主体多元化，即除政府以外，各企业、组织或独立个体都可以成为治理的主体。同时，多元主体之间并不是各自为营，而是相互合作、交流、协同，这有效解决了以往单一模式下治理效率低下、动力不足和持续性不高等问题，也为打破传统单中心公共事业管理的思维枷锁、创新公共事业管理模式提供了新思路。

### （二）新公共服务理论

新公共服务理论是以美国著名公共管理学家罗伯特·登哈特（Robert Denhardt）为代表的一批公共管理学者基于对新公共管理理论的反思，特别是针对作为新公共管理理论之精髓的企业家政府理论的缺陷的批判而建立的一种新的公共管理理论。该理论以民主社会的公民权理论、社区和市民社会模型、组织人本主义和组织对话为构建基础，以社会民主、公共利益、政府和社区、公民共治为核心，强调公民的合法身份与合法权益，旨在更好地实现公民在公共服务中所要求的公平。

总体而言，新公共服务理论的核心理念主要体现在以下几方面：首先，政府的职能是提供服务而非掌舵。相对于过去政府对社会公共事务的控制和垄断而言，该理论强调政府应当为其服务对象，即公众服务，通过与公共部门、私人企业、非营利组织等主体的合作，帮助公众表达其意见，实现其参与治理的愿望，满足民众共同的利益需求。其次，应将保障社会公共利益作为目标，在实现该目标的过程当中，需要政府与社会力量共同努力和协作，作为独立个体的公民要积极参与执行过程，从而实现预期的理想目标。最后，新公共服务理论要求重视人的作用，在执行过程中善待全体公民，而不是单一地追求生产率。

### （三）协同治理理论

协同治理理论是一门以协同理论和治理理论为基础的新兴交叉理论。协同治理即在多元社会的条件下，各"治理主体"在各自所属的"个人领域"内，通过各主体的"自主治理"以及与各组织间的互动合作来实现公共利益最大化的目标。著名物理学家赫尔曼·哈肯（Hermann Haken）认为对千差万别的大自然或社会系统而言，尽管其属性不同，但在整个环境中，各个系统间存在着既相互影响又相互合作的关系，即协同作用，这种协同作用正是系统中各独立个体由无序走向有序的重要内驱力。

农村公共体育服务作为公共服务中的重要组成部分，其治理工作涉及多主体、多部门、多因素。传统的统治思维、管理思维限制了多元主体间相互作用的发挥，现代化治理策略应当突破这一局限性，通过交流、互动、团结、协作的方式打破以往政府部门内部与社会力量各谋其事的局面，在农村公共体育服务治理中听取社会上的不同声音，在听取多方意见的基础上，保障农民合法的体育权利。需要特别注意的是，在由政府和社会力量共同构成的多元主体系统中，各主体的地位是平等的，并没有严格的等级限制。政府作为为人民服务的主体尤其要注意不能出现打压、垄断的情形，应在合理分权的基础上，激发出其余主体的积极性，集多方力量于一体，共同为做好农村公共体育服务治理工作而不懈努力。

### （四）结构功能主义理论

结构功能主义理论是对社会系统的制度性结构进行功能分析的社会学理论，以美国塔尔科特·帕森斯（Talcott Parsons）、罗伯特·金·默顿（Robert King Merton）为代表。该理论主张运用功能分析的方法来认识和说明整个社会体系和社会制度间的关系。从内容上来看，该理论受 19 世纪生物学影响较多，奥古斯特·孔德（Auguste Comte）和赫伯特·斯宾塞（Herbert Spencer）认为社会与生物有机体一样都具有自身的结构，动物由细胞、组织和器官构成，而社会与其类似，由社会群体、阶级和社会设置构成。其次，与生物有机体一样，社会的延续离不开其基本需要的满足，社会需要从周围获取足够的资源以满足社会成员的需要。最后，与生物体内各部分类似，社会系统的良性运行需要系统内各部分的协调配合。

农村公共体育服务治理是农村社会系统和农村社会治理的重要组成部分，而农村居民作为长期生活在农村社会中的群体，获取基本的、必需的体育资源是满足其体育需要的重要前提。因此，构建农村公共体育服务治理体系、提高农村公共体育服务治理能力，进而更好地满足农村居民体育需要就显得十分必要。

从农村社会发展来看，农村社会作为一个系统，其自身的发展也同样离不开经济、教育、文化、体育等方面的发展，但长期的城乡二元社会结构使得农村体育事业发展相对滞后，因此必须尽快补齐农村体育事业这块发展短板，从而更好地促进农村社会的发展。同时，农村公共体育服务治理体系也是一个相对独立的系统，其在构建上也可以沿袭结构主义的某些观点，从系统内部各子系统的构建着手，最终构建出整体流畅、协调运行的完整体系。

### （五）乡村振兴理论

乡村振兴理论是基于党的十九大报告首次提出的"乡村振兴战略"和中共中央、国务院印发的《乡村振兴战略规划（2018—2022 年）》所提到的指导乡村经济社会发展的特色理论。"产业兴旺、生态宜居、乡风文明、治理有效、生活富裕"的 20 字总要求更是为全面、协调、有序地推进乡村振兴奠定了基础。从内容上来看，乡村振兴理论为推动属性、领域各不相同的乡村经济、文化、生活、生态等方面的发展提供了重要参考，同时这些领域又相互影响、相互作用。而激活各领域发展动力、形成领域互促合力是乡村振兴理论的核心。

农村公共体育服务治理不仅是乡村治理工作不可或缺的一部分，也是乡村振兴的目标之一。振兴农村公共体育服务离不开基层党组织的引导和党员、干部的模范带头作用。大学生村官等在农村居民中有着较高的声望，充分利用这种声望并采取适当的手段号召广大村民积极参与农村公共体育服务治理工作并承担治理责任是实现农民现代化的重要途径。同时，农村公共体育服务治理也离不开乡村经济的发展和生态环境的改善，既应按照产业兴旺的原则大力发展基层产业，拓宽农村公共体育服务治理的资金渠道；又要利用农村闲置土地建设体育场、健身步道，形成体育与自然生态和谐共生的局面。

# 第二章  公共体育服务运行的
# 机制原理

## 第一节  公共体育服务的
## 理论系统结构

原理是自然科学和社会科学中具有普遍意义的基本规律，是在大量观察、实践的基础上，经过归纳、概括而得出的，既能指导实践，又能接受实践的检验。公共体育服务的运行原理是指为了迎合公民的体育需求而提供体育产品或劳务的过程的基本规律。理论系统、实践系统、动力系统、战略支点及相关后勤保障系统构成公共体育服务运行的全过程（如图 2-1 所示）。公共体育服务系统结构根据政府体制、经济发展阶段、历史文化和服务内容的不同而发生着变化。公共体育服务由理论系统和实践系统构成，包括各结构要素及其功能。公共体育服务发展的动力源主要表现在以下两个方面：第一，自上而下的国家政策、供给方式的推动；第二，居民参与体育活动的需求的拉动。要增强公共体育服务发展的整体动力，就必须将二者有机结合起来。我国公共体育服务供给不足，除与财政投入较少有关外，还与供给模式、保障机制等不完善有关。因此，新时期公共体育服务发展的支撑点就是完善公共体育服务体制与运行机制。

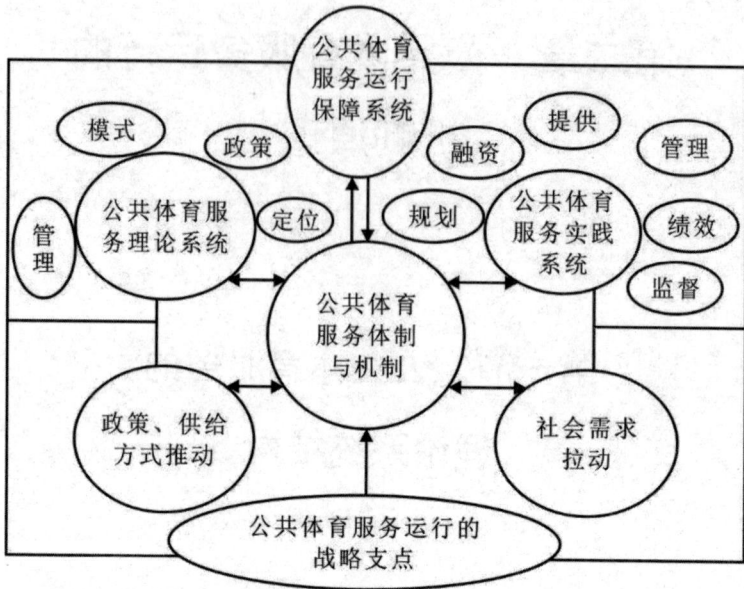

图 2-1　公共体育服务系统运行结构

# 一、公共体育服务定位

　　定位即确定位置、范围。服务定位要体现超前性，以敏锐的洞察力从复杂多变的形势中科学预测发展趋势，准确把握发展规律，放眼长远，超前思考，把工作做在前头。服务定位要体现求实性，以群众需求为第一信号，深入基层，体察民情，关注群众的冷暖，倾听群众的呼声，常思为民之策，常行为民之举。定位失当，找不准自己的位置与角色，即使付出再多努力，也不会收到好的效果。定位失当可能出现以下局面：

　　一是"包揽式"服务。一讲服务就大包大揽，忽视企业在市场经济中的主体地位，政企不分，不该政府管的事也管了，不该政府干的事也干了，貌似无微不至，实则越俎代庖。二是"喂奶式"服务。只是在基层和群众碰到困难、找上门来时才提供服务，只帮助解决一时一事的问题，工作被动应付，缺乏主动性。三是"家长式"服务。摆不正位置，放不下架子，以自我为中心，视服务为施舍，主观武断，随意性强。四是"保姆式"服务。把自己当成保姆，将服务工作简单化、一般化，局限于跑跑、看看、问问，满足于低层次服务。

目前，从我国公共体育服务发展的实际情况来看，政府定位的重点在于明晰公共体育服务目标，清算公共体育服务资源，确定公共体育服务内容，界定公共体育服务底线，着重于公共体育服务的市场化途径。体育公共产品内在的非竞争性和非排他性的特点，决定了政府必须在公共体育服务供给中居于主体地位，这也是我国经济社会发展的必然趋势。在国家规定的底线之上，发达地区可根据自身的财政状况，适当提高公共体育服务供给水平。而经济落后地区，因自身地方财政能力有限，则可通过中央转移支付方式担负起公共体育服务的责任。

## 二、公共体育服务政策

政策是国家或政党为实现一定历史时期的任务而制定的行动准则，是国家政权机关、政党组织和其他社会政治集团为了实现自己所代表的阶级、阶层的利益与意志，以权威形式标准化地规定在一定历史时期内，应该达到的奋斗目标、遵循的行动原则、完成的明确任务、实行的工作方式、采取的一般步骤和具体措施。公共体育服务政策是公共体育服务发展的"导航仪"，决定着公共体育服务发展价值目标的判断与发展方向的选择。政策主体对复杂的利益关系进行调整的过程便是公共体育服务政策形成的过程。公共体育服务政策对于调整我国公共体育服务城乡发展不均衡、区域发展不均衡等状况发挥着指导性作用。在公共体育服务发展政策的制定上，通常应当坚持因地、因时制宜的原则与整体统筹协调发展的原则。在贯彻公共体育服务发展理念上,应当统筹考虑地方居民结构、经济发展水平、文化特色和居民生活质量。在公共体育服务发展目标的制定上,应以提高居民生活质量为目的,并重点关注居民的身体状况。与此同时,农村居民作为我国人口的重要组成部分,应是公共体育服务的重点对象。

## 三、公共体育服务模式

模式是某种事物的标准形式或使人可以照做的标准样式。公共体育服务模式与社会经济、文化传统等因素有关。在当前的社会背景条件下,要发展公共体育服务,首先要明确政府部门在公共体育服务供给中的职能。公共体育服务的有效供给,既需要政府发挥主导作用,又需要企业、社团等多元主体的积极参与。政府可以通过公共体育服务的市场化制度,创新服务供给模式。这既是公民对公共体育服务的需要,也是转变政府职能、变革治理方式、创新公共体育服务供给体制与机制的需要。公共体育服务资源的主要投向由公共体育服务结构决定。公共体育服务的基础设施、政策、法规体系必须由政府提供,应明确中央、地方各级政府体育部门在公共体育服务供给上的职责,做到分工明确。此外,还要通过法律手段为公共体育服务的发展提供财政预算保障。

## 四、公共体育服务管理

管理是指负责某项工作并使其顺利进行,是保管和料理,是照看并约束,是制定、执行、检查和改进。制定就是制定计划(或规定、规范、标准、法规等);执行就是按照计划去做,即实施;检查就是将执行的过程或结果与计划进行对比，总结出经验，找出差距；改进是指先推广通过检查总结出的经验，将经验转变为长效机制或新的规定，再针对检查发现的问题进行纠正，制定纠正、预防措施，以持续改进。广义的管理是指应用科学的手段安排组织社会活动，使其有序进行。狭义的管理是指为保证一个单位全部业务活动正常进行而实施的一系列计划、组织、协调和控制活动。管理是相关人员在一定的环境条件下，对所拥有的资源（如人力、物力和财力等资源）进行计划、组织、领导、控制和协调，以有效地实现组织目标的过程。随着我国社会主义市场经济的深入发展，社会原有体制不可避免地出现了难以适应新的发展需要的现象。在当前和今后的一段时间内，我国公共体育服务管理面临的主要问题是人民日益增长的体育需求与体育产品及劳务供给不足之间的矛盾。把握市场在公共体育服务领域的适度作用，恰当认识政府在公共体育服务管理中的定位，实现公共体育服务资源合理分配，是缓解矛盾、解决问题的有效方法。此外，还应鼓励公民积极表达公共体育服务需求，强化制度化建设，营造良好的氛围，保障公民平等地享有参与权利；提高体育部门的服务能力，主动听取公众意见，把公众满意度作为衡量公共体育服务供给效果的根本标准。

# 第二节　公共体育服务的
# 实践系统结构

系统是同类事物按一定的关系组成的整体。一般认为，公共体育服务的实践包括公共体育服务管理、公共体育服务规划、公共体育服务融资、公共体育服务提供、公共体育服务绩效评估五个方面，如图 2-2 所示。笔者通过调查和研究，发现还应将公共体育服务监督包括在内。

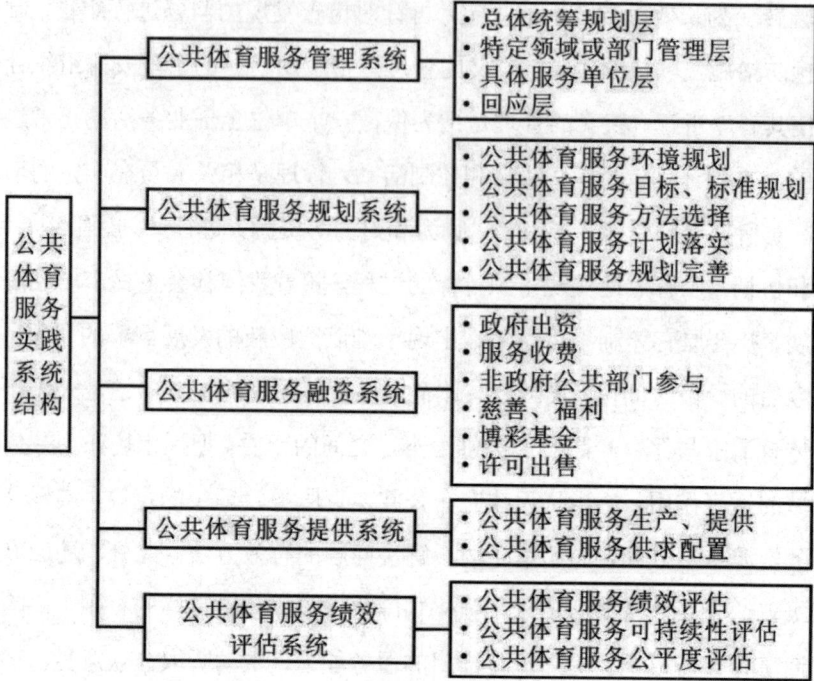

图2-2　公共体育服务的实践系统结构

# 一、公共体育服务管理系统

公共服务是 21 世纪公共行政和政府职能转变的核心理念。随着我国经济的迅速发展，人们的生活质量不断提高且需求日益多元化。同时，在建设中国特色社会主义新时期，公共服务管理面临诸多问题与前所未有的挑战。各地区环境的特殊性、绩效评价体系的不尽合理、公共财政的匮乏以及公共服务供给模式的单一等，都严重制约和影响着公共服务管理。依据现实需求，推进民族地区公共服务管理创新、完善公共服务体系、逐步实现基本公共服务均等化，是实现民族地区经济社会和谐与可持续发展的必然选择。公共体育服务管理系统由总体统筹规划层、特定领域或部门管理层、具体服务单位层以及回应层四个层面组成。各层面职能主要根据具体国情、本地区的财政能力和人口阶层来确定。

## 二、公共体育服务规划系统

规划是比较全面的、长远的发展计划，是对未来整体性、长期性、基本性问题的思考及行动方案的设计。加强规划是提高政府工作水平的需要，是加快政府职能转变的需要。公共体育服务规划系统的主要作用就是指导整个公共体育服务实践，使其有据可依。一是要确保基本公共体育服务体系建设与国家经济社会发展规划相衔接，与地方经济社会发展战略的目标指向相匹配；合理制订公共体育服务的发展规划。二是要根据国情和公共需求的发展变化，制订和实施公共体育服务建设的总体及各分项发展规划，明确公共体育服务体系建设的基本原则、价值理念、指导思想、基本思路、目标任务与实施步骤，不断提升服务品质，提高服务绩效。

公共体育服务规划系统包括宏观、微观两大部分。一般来说，公共体育服务规划系统至少包含五个环节：第一，公共体育服务目标、标准的制定；第二，公共体育服务实施主体的规划（即任务的分工）；第三，公共体育服务实施方案的规划；第四，公共体育服务实施过程监控的规划；第五，公共体育服务实施效果反馈的规划。当然，公共体育服务规划的五个环节并不是固定的，在具体工作中，应根据监督和反馈的结果，针对已出现的问题及不良现象，及时提出解决方案，完善后续公共体育服务规划系统。

# 三、公共体育服务融资系统

融资通常是指货币资金的持有者和需求者之间，直接或间接地进行资金融通的活动。广义的融资是指资金在持有者之间流动以余补缺的一种经济行为，这是资金双向互动的过程，包括资金的融入（资金的来源）和融出（资金的运用）。狭义的融资只指资金的融入。公共体育服务融资的目的在于为繁荣与发展公共体育服务事业提供足够的资金支持。公共体育服务受自身特性的影响，其资金的筹措应遵循公平与效率兼顾的原则，既要反映资源优化配置的要求，又要反映社会责任与公众利益的需要。

我国目前财政和税收体制实行的是"以分税制为基础的分级财政"。中央政府只占总预算开支的30%左右，其余的在四级地方政府之间分配。因此，我国中央和地方政府的权事划分及财政税收体制决定了政府提供的公共体育服务是有层次的，可分为中央、省（自治区、直辖市）、市（地区、自治州、盟）、县（区、旗、县级市）、乡（镇、街道）五个层次。公共体育服务分级供给体制进一步明确了各级政府的责任和义务，即中央政府提供的公共体育服务面向全国，地方各级政府提供的公共体育服务面向本地区。公共体育服务的融资主要依赖政府出资、服务收费、民间捐赠三种方式。就公共体育服务资金来源的发展趋势来看，政府出资、服务收费及非政府公共部门参与是公共体育服务融资的主要方式，吸引更多的部门以慈善、福利方式参与公共体育服务是新时期公共体育服务融资系统发展的需要。

第一，公共体育服务代表着广大人民群众的公共需要，应该予以优先保障，但实际上，政府用于满足公众公共需要的资源是有限的。政府在分拨资金用以满足各种公共需要时，要进行慎重的权衡和选择。同时，要提高政府出资的透明度，使政府投资行为得到有效约束。

第二，服务收费是指政府因向居民提供公共体育服务设施、实施公共体育服务管理或直接提供公共体育服务而向使用者或受益者收取费用。服务收费要建立相应的准则及监督机制，保证公共体育服务不以追求利润为目的。

第三，民间捐赠是捐赠人自愿向受赠人无偿赠送财产及产品的行为。这种融资方式还不是我国公共体育服务融资的主要方式，要坚持民间捐赠的自愿性。国家应通过适当的利益补偿方式鼓励捐赠行为，进而减轻政府出资压力，不断提高公共体育服务质量。

## 四、公共体育服务提供系统

公共服务的提供，又称公共服务的供给。公共服务的有效供给是衡量政府绩效以及经济社会发展水平的重要指标。公共服务供给能力是政府依照自身经济条件和财政资源，在一定的公共支出偏好下所提供的合理公共服务数量。当前，我国正处在公民公共需求增长快、变化大、诉求强烈，而政府公共服务供给能力有限的特殊阶段。影响政府公共服务供给能力的因素有三个方面：第一，我国公共服务的投入低于世界平均水平，公共服务覆盖面太窄。第二，已有的公共服务在实施中被异化。第三，政府在制定个别方面的公共政策上有失公平。这三个因素集中在一起，凸显出社会公共服务需求强烈与政府公共服务供给能力有限的矛盾。

公共体育服务供给系统主要包括以下几个问题：第一，公共体育服务供给主体是谁。第二，公共体育服务供给的内容是什么。第三，公共体育服务供给的方式是什么样的。公共体育服务的研究是当下体育学科研究的重点及热点，很多问题广受争议。根据我国公共体育服务现状及发展趋势，公共体育服务必将出现多元化、分层化、市场化的供给方式，以满足不同区域公民的公共体育服务需求。这就要求政府首先对公共体育服务有清楚的认识和分析，认识自身所能与自身所不能，分析政府、市场各自的优势，优化资源配置，强化监督机制，使城镇、农村各级各地的公民都能享受到公共体育服务。

## 五、公共体育服务绩效评估系统

绩效评估是指以一定的时段为界限，对政府部门的工作效率、能力、服务质量、公共责任和公众满意度等进行分析和评议，对其管理过程中的投入、产出所反映的绩效进行评定和划分等级，以期改善政府行为和增强控制的活动。政府部门的绩效评估是指运用一定的评价方法、量化指标及评价标准，对政府部门为实现其职能所制定的绩效目标的实现程度以及为实现这一目标所安排预算的执行结果进行的综合性评价。公共服务绩效评估是一种以服务质量和公共需求满意度为第一评价标准，蕴含了公共责任和顾客至上管理理念的综合评估机制。其基本含义是按照一定的标准和程序，运用数理统计、运筹学等原理和特定的指标体系，对被评估对象在一定时期的经营或服务业绩作出综合评价。公共体育服务绩效评估是指运用科学的标准、方法和程序，对政府公共体育服务的业绩作出尽可能准确的评价。公共体育服务的公益性特征决定了公共体育服务绩效评估不能把经济指标作为评价标准，而应该重点考查公共体育服务的效率、效果，以及公众对公共体育服务的满意度。公共体育服务绩效评估是提高公共体育服务质量、转变公共体育服务方式的依据，是对社会公共资源进行监督的有效方法，能为政府部门提高管理能力、服务能力提供参考，是合理配置体育资源、实现和谐发展的重要支撑。

由于公共体育服务的内涵、外延还有待商榷，因此关于公共体育服务绩效评估的研究目前尚处于初级阶段。因为缺乏相应的政策、法规的保障，已有的公共体育服务绩效评估难免存在随意性较大、主观性较强的问题。规范化、标准化、统一化的公共体育服务绩效评估系统是公共体育服务良性发展的基础。公共体育服务绩效评估作为对公共体育服务整体效果进行评价的体系，自然也有其自身的评价标准。公共体育服务绩效评估系统的建立，首先要明确评价的对象是什么，是国家、省、市或某个区域的整体的公共体育服务情况，还是个别公共体育服务供给部门的决策制定及执行情况。其次，要确定评价的内容是什么，政府资金的投入、体育设施的建设、公众的参与情况、公众的满意度等都是其评价的内容。再次，要确定评价的主体是谁，是政府监督部门、普通公民还是专业的评价机构，无论评价的主体是人，还是机构，保证评价的客观性、公正性是前提。最后，还要确定评估方法、评估原则等，为评估结果的真实性、准确性、有效性提供保障。

## 六、公共体育服务监督系统

监督，即察看、督促。公共体育服务监督就是对公共体育服务政策的制定予以监制，对公共体育服务的实施过程进行监控，对公共体育服务的绩效评估给予监察，对公共体育服务的整体效果及时进行反馈，督促公共体育服务供给主体，完善公共体育服务体系。要想纠正公共体育服务体系的偏差，真正实现公共体育服务的科学发展，突破点在于建立有效的公共体育服务监督系统。监督是公共体育服务价值得以体现、质量有所保障的关键因素。

从目前我国的实际情况来看，公共体育服务供给的主体是政府，那么公共体育服务监督系统的实施主体主要分为两个层面：第一，公民实施对政府及公共体育服务供给单位的监督。但是，一些公共体育服务的消费者还存在缺乏足够的信息去监督和评价公共体育服务的质量问题，比如，经济欠发达地区的人们可能会对"雪炭工程"的实施背景或者相关信息缺乏了解。第二，上级部门实施对下级部门公共体育服务规划、融资、供给、评估等流程的全面监督。要想实现他律与自律的结合，可以通过跟踪回访、网上投诉、举报电话等途径建立动态监测体系，健全监管网络体系，对公共体育服务的供给过程进行监督。健全公共体育服务监督系统，是督促公共体育服务供给主体履行公共体育服务责任的重要保障。适时提高公民的参与热情，构建全民参与建设公共体育服务体系的平台，通过听证会、论证会或社会公示等形式听取公众的意见，促进政务公开，健全群众投诉机制，充分发挥舆论导向和监督作用，定期公布公共体育服务中的违章违法行为，加大处罚力度。提高公共体育服务供给主体的公信力，使公共体育服务沿着纵深的方向发展，多为公众提供满意的公共体育服务；同时，完善规则体系，明确公共体育服务监督机构的法律地位，规范监管程序，强化问责机制，防止公共体育服务的提供者仅为特殊集团或特殊利益群体提供服务。

# 第三节　公共体育服务运行的动力系统

动力是一切力量的来源，是推动工作、事业等发展的力量。公共体育服务运行的动力是引发并推动公共体育服务行为发生、发展的各项相对独立的要素所构成的相互联系、相互制约的合力系统。公共体育服务运行的动力系统包括基础动力层、核心动力层、环境动力层，如图2-3所示。

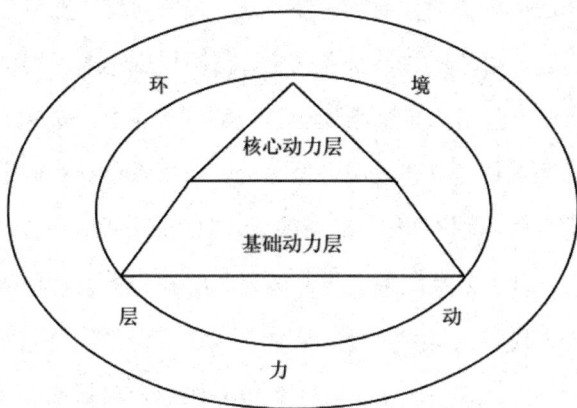

图 2-3 公共体育服务运行的动力系统结构

# 一、基础动力层：政府职能的转变

政府职能是政府在一定历史时期根据阶级斗争和社会发展需要而担负的职责和功能。政府职能转变是上层建筑适应经济基础和生产力发展水平的客观要求。改革开放以来，为保障和促进社会主义现代化事业的顺利发展，我国已经历了多次政府机构改革，从简单的精简机构、减少人员数量逐步发展到转变职能和改革管理体制。随着经济体制改革的深入，政府的管理方式由微观干预转向经济调节，由全能政府转向有限政府，由人治政府转向法治政府，由封闭政府转向透明政府，由行政控制转向政策引导，由强调管理转向强调服务。虽然目前仍然存在一些政府直接干预微观活动的现象，但政府职能转变的速度依然在加快。政府职能的转变使社会发展更加符合客观规律，使社会民主法治更加健全，使政府个别腐败行为得到有效控制，使整个社会向着更加健康、和谐的方向发展。

服务型政府已成为各级政府的基本理念，民生问题已然成为中国下一个阶段发展的核心问题。关注民生、重视民生、保障民生、改善民生是政府的基本职责。各级政府应群策群力，全心全意努力解决人民群众最关心、最直接、最现实的基本公共服务问题。建设服务型政府，应重点创新行政管理体制，着力转变职能、理顺关系、优化结构、提高效能，把政府主要职能转变到经济调节、市场监管、社会管理、公共服务上来，把公共服务和社会管理放在更加重要的位置上，努力为人民群众提供方便、快捷、优质、高效的公共服务。政府职能应由管理型向服务型过渡，促使公共体育服务作为一项基本公共服务广泛受到各级政府的重视。公共体育服务应以公益、均等、便民为宗旨，以抓底线、广覆盖、可持续为原则，大力发展竞技体育、学校体育、群众体育，为满足不同区域、不同阶层的公民的需求提供服务。

同时，非政府组织（non-governmental organizations, NGO）作为政府职能转变的服务承接者与合作者，在解决由"政府失灵"和"市场失灵"造成的社会问题中，应准确定位角色，避免出现政府从相关领域退出后的职能缺位现象。近年来，我国的非政府组织得到了前所未有的发展。相关数据显示，截至 2020 年底，全国非政府组织总量为 89.44 万个，较 2019 年增长了 3.21%，其中，社会团体为 37.5 万个，社会服务机构为 51.1 万个，基金会为 8 385 个。此外，学者估计还存在大量没有按照政府要求进行登记注册的非政府组织，其中包括城市社区基层组织、农民经济合作组织、海外在华的商会和行业协会等。这些非政府组织活动遍布我国社会生活的各个领域，成为社会生活中的一支重要力量。

## 二、核心动力层：公民对公共体育服务的需求

需要是个体在缺乏某种东西时产生的一种客观状态，它是客观需求的反映。人有物质的需要，亦有精神的需要；有生理的需要，亦有心理的需要。当人的需要具有某种特定的目标时，就会转化为动机。心理学家从需要、动机、行为三者的联系出发，把需要求得的满足作为激励的研究内容，提出了各种"需要理论"。亚伯拉罕·马斯洛（Abraham Harold Maslow）的"需要层次理论"对此就有较好的解释。

1943 年，美国心理学家马斯洛在《人类激励理论》中提出需要层次理论。需要层次理论是行为科学的理论之一，该理论将需要分为五种，像阶梯一样从低到高，按层次逐级递升，这五种需要分别为生理的需要、安全的需要、社交的需要、尊重的需要、自我实现的需要。这五种需要可以分为两级，其中生理的需要、安全的需要和社交的需要都属于低一级的需要，这些需要通过外部条件就可以满足；而尊重的需要和自我实现的需要是高级需要，它们是通过内部因素才能满足的，而且一个人对尊重和自我实现的需要是无止境的。

人从出生到死亡，都是处在相对静止和绝对运动之中的。从生理学角度来看，人需要适当、适量、适合的体育活动来促进新陈代谢，发展基本身体素质，维持和促进生理机能的良性运转，从而保持和促进身体健康。从心理学角度来看，人需要适当、适量、适合的体育活动来调节情绪，缓解精神压力，表达愉悦情感。从社会学角度来看，人需要体育活动来增进社会交往与沟通。一个国家多数人的需要层次结构，是同这个国家的经济发展水平、科技发展水平、文化和人民受教育的程度直接相关的。因此，在不发达国家，人们依然处于追求生理需要和安全需要等基本需要的阶段。随着我国科学技术的发展、社会的不断进步，人们低层次的需要已基本得到满足，对精神生活的追求和向往不断增

强，高层次的需要逐渐得到重视。而体育自我实现的功能恰恰能够满足人们该时期的高层次需要。因此，人们对公共体育服务的需要成为公共体育服务运行动力系统的核心动力。

但是，我们也看到，公共体育服务需求的全面快速增长与公共体育服务供给的不到位已经成为我国突出的矛盾。一方面，公共体育服务需求主体迅速扩大，广大农民和城镇中的低收入者对公共体育服务的需求不断增强；公共体育服务需求内容迅速增多，不同阶层、不同年龄、不同区域呈多样化分布。另一方面，政府职能转变的速度还需加快，各级政府对自身的公共服务职能缺乏应有的理解，公共体育服务供给的体制机制尚待完善，这使得政府的公共体育服务功能相对薄弱。因此，应不断完善公共体育服务供给体系，满足人们日益增长的公共体育服务需求。

## 三、环境动力层：国家各项事业的发展

### （一）政策支持

社会环境对于体育发展所起的作用是巨大的，国家政策对体育的发展具有导向作用。1995 年 3 月，在第八届全国人民代表大会第三次会议上，时任国务院总理的李鹏指出："体育工作要坚持群众体育和竞技体育协调发展的方针，把发展群众体育，推行全民健身计划，普遍增强国民体质作为重点。"同年 6 月 20 日，国务院正式颁布了《全民健身计划纲要》，国民的体质健康、体育服务供给问题被列入了政府的工作范畴。2006 年 3 月，第十届全国人民代表大会第四次会议批准的《中华人民共和国国民经济和社会发展第十一个五年规划纲要》首先从公共财政体系建设的角度提出了"逐步推进基本公共服务均等

化"的任务；2006 年 10 月，中国共产党第十六届中央委员会第六次全体会议通过的《中共中央关于构建社会主义和谐社会若干重大问题的决定》将"基本公共服务体系更加完备，政府管理和服务水平有较大提高"明确列为我国构建社会主义和谐社会的目标和主要任务之一。2012 年 11 月，党的十八大报告提出，要加快健全基本公共服务体系，保证基本公共服务的总体实现。2017 年 10 月，党的十九大报告指出，要"坚持人人尽责、人人享有，坚守底线、突出重点、完善制度、引导预期，完善公共服务体系，保障群众基本生活，不断满足人民日益增长的美好生活需要，不断促进社会公平正义，形成有效的社会治理、良好的社会秩序，使人民获得感、幸福感、安全感更加充实、更有保障、更可持续""履行好政府再分配调节职能，加快推进基本公共服务均等化"。2022 年 6 月 24 日，第十三届全国人民代表大会常务委员会第三十五次会议通过了修订的《中华人民共和国体育法》，该法第六条指出："国家扩大公益性和基础性公共体育服务供给，推动基本公共体育服务均等化，逐步健全全民覆盖、普惠共享、城乡一体的基本公共体育服务体系。"

一系列文件、法律法规的出台，为公共体育服务的发展带来了契机，是公共体育服务有效运行的环境动力之一。

### （二）经济发展

改革开放以来，中国的经济建设取得了骄人的成绩，建立起了社会主义市场经济体制，人民生活水平大幅提高，公众更加关注身心健康。

**1.经济发展因素是规划、实施公共服务的基本出发点**

公共服务的规划与实施涉及资源的配置问题。任何一个政府都只能对社会资源的存量加以合理配置，绝不可能进行超量配置。同时，公共服务的资源配置又必须在既定的经济制度和体制框架内进行，离开了一定的经济结构、制度和体制去制定和实施某种公共政策，必然要引起经济制度、体制的反弹。因此，资源的分布与既定的存量、既成的经济制度和体制是公共服务供给的经济基础。

### 2.经济环境因素是公共服务过程运行的必要条件

公共服务的规划、实施和评估都要耗费一定人力、物力和财力，并需要一定的经济制度作为支撑。这些就构成了公共服务过程的成本。因此，要使公共服务过程正常运行，就需要一定的资源和经济条件。资源和经济条件对公共服务的质量和运行状况具有较大的影响。

### 3.经济环境因素会影响公共服务的目标和方向

不同国家的政府，一个国家不同地区、不同层次的政府，只能依据本国、本地的资源状况、经济情况来制定和推行适当的公共服务，现实的状况，实际的经济制度、结构制约着公共政策的经济目标与方向。因此，经济的发展状况是公共服务运行的动力之一。而公共体育服务亦不例外，体育场地设施建设、体育咨询信息提供、体育健身指导服务等均要根据经济发展状况进行具体的规划与实施。经济的快速发展是公共体育服务运行的环境动力之一。

### （三）文化繁荣

文化是一个非常宽泛的概念，不少哲学家、社会学家、人类学家、历史学家和语言学家试图从各自学科的角度来界定文化的概念，但是给它一个严格、精准的概念十分困难。笼统地说，文化是一种社会现象，是人们经过长期创造形成的产物；同时又是一种历史现象，是社会历史的积淀物。文化是指一个国家或民族的历史、地理、风土人情、传统习俗、生活方式、文学艺术、行为规范、思维方式、价值观念等。

**1.文化影响公共服务实施系统的稳定性**

公共服务实施系统的存在与发展需要与之相适应的文化作为基础。公共服务实施系统的产生及其运行必须符合人们的文化心理需求和价值取向，只有这样，这样才能得到广大人民群众的认可和支持。有了这种文化上的理解和支撑，才可能得到社会公众对公共服务实施组织及其执行人员服务行为的积极拥护，否则公共服务实施系统就难以实现高效运转。

**2.文化影响公共服务实施模式的选择**

公共服务实施模式指的是服务供给主体根据公共服务规划所采取的实施程序和实施方式、方法、措施等的总和。公共服务供给模式的选择必须符合公众的价值取向、态度、情感、动机、习俗、心理等。人们的思想和行为由于传统的熏陶、环境的塑造和时间的积累而逐渐形成了一套固定的思想习惯和行为模式，要改变这些习惯和模式往往会遇到很大的阻力，如果服务对行为的调整与人们原来习惯的思想和行为差距较大，就不能使人们很快地接受服务，公共服务的实施也难以迅速达到预期的目的。

**3.文化影响公共服务实施的效果**

人们关心公共服务系统的输入和输出全过程，关心公民权利的合法维护，关心公共服务实施的实际效果，有较强的参与热情和主体意识，能施加积极有效的政治影响力或压力去制约公共服务的规划及实施，从而迫使公共服务供给主体高度重视目标群体的实际需求与实际反应。因此，文化是公共服务运行的影响因素。

改革开放以来，在中国共产党的领导下，我国的文化建设取得了长足发展。各届领导人更是以高度负责的精神来关注中国文化的发展与建设。习近平高度重视文化建设，坚持以人民为中心的工作导向，举旗帜、聚民心、育新人、兴文化、展形象，牢牢掌握意识形态工作领导权，建设具有强大凝聚力和引领力的社会主义意识形态,建设社会主义文化强国,激发全民族文化创新创造活力,更好构筑中国力量、中国价值、中国精神。在此背景下,我国体育文化发展战略的核心是国民体质的全面提高和中华体育文化的繁荣复兴,从而体现了当前时代背景下体育发展思想与方式的转型。伴随着整个文化大环境的变化,人们的思想、观念、意识也在发生着变化。人们对美的追求、对时尚的理解、对身心和谐的追求、对尊重的需要、对自我实现的渴望等构成了其参与公共体育服务的动机,因此文化的繁荣发展亦是公共体育服务运行的动力之一。

# 第四节　公共体育服务运行的战略支点

　　战略支点是事关全局的中心点或关键点。近年来,党和国家高度重视我国公共体育服务体系建设,要求积极发展体育事业,加大政府对体育事业的投入,逐步形成覆盖全社会的比较完备的公共体育服务体系。目前,公共体育服务体系建设如火如荼,公共体育服务实践初有成效,清醒认识公共体育服务运行的战略支点,对于完善公共体育服务体系、提高公共体育服务质量意义重大。高效的政府公共服务职能转变、合理的公共体育服务财政投入、完善的公共体育服务理论体系、均衡的公民公共体育服务需求、及时的公共体育服务评估反馈是公共体育服务运行的战略支点。

# 一、高效的政府公共服务职能转变

学术界对政府职能的内涵有着不同的诠释和看法，可谓"仁者见仁，智者见智"。目前学术界有三种研究视角，分别是职责、功能及职责功能。一些学者着重从政府本身应该承担的职责这一角度来定义政府职能。有学者认为，政府职能就是政府的权力范围、政府的职责范围，同时，还明确地把政府职能划分为政治职能和管理职能；还有学者把眼光放在政府功能上，认为政府职能就是政府在管理国家和社会事务时所具备的能力以及发挥的作用。慢慢地，学者对政府职能内涵的理解也在走向成熟，将政府职能归于职能与功能两个方面。我国学者张康之等人从"政府职能是职责和功能的统一体"的角度出发，提出"政府职能是指政府在管理国家和社会公共事务方面的基本职责和功能，涉及行使权力的范围、方式"。此外，还有学者明确指出，政府职能是行政管理职责功能的有机统一。

新公共服务理论的提出者是美国著名公共行政学者登哈特夫妇（Janet Denhardt and Robert Denhardt），他们在其所著的《新公共服务：服务，而不是掌舵》一书中提出该理论。理论主张如下：承认政府的职能是服务不是"掌舵"；主张公共利益是目标而非副产品；思想上要具有战略性，行动上要具有民主性；为公民服务而非为顾客服务；承认责任并不简单；重视人而非生产率；公民权和公共服务比企业家精神更重要。更加注重公民权，在政府行政职能的发挥过程中更加强调公民的有效参与，是新公共服务理论发挥效能的核心思想。因此，以公共利益为目标、以公民服务为重点，打造服务性、战略性、民主性政府是新公共服务理论的内在要义。

服务型政府是现代国家治理的一个重要标志，服务型政府建设也是国家治理现代化的一项基本要求。2004 年 2 月 21 日，时任国务院总理的温家宝在中

41

央党校举办的省部级主要领导干部"树立和落实科学发展观"专题研究班结业式上发表了《提高认识统一思想牢固树立和认真落实科学发展观》的讲话，第一次明确提出要"努力建设服务型政府"。随后，"建设服务型政府"不断被提及。然而，转变政府职能是一个复杂的、长期的过程。目前政府社会管理、公共服务的职能仍然比较薄弱，事业单位、社会中介组织、非营利性社团在有效提供公共服务、参与社会公共服务事业管理中，发挥的作用还很有限。因此，加快政府职能转变，从体制、机制上推进政企分开、政资分开、政事分开、政府与市场中介组织分开，从制度上更好地发挥市场在资源配置中的决定性作用，更好地发挥公民和社会组织在社会公共事务管理中的作用，更加有效地提供公共产品。

## 二、合理的公共体育服务财政投入

公共体育服务供给的资金来源主要包括政府投入、服务收费、社会各界捐赠三种途径。但由于我国公共体育服务起步较晚，各方面尚待完善，尤其是非营利性体育社团及志愿者服务数量有限，因此公共体育服务融资主要依靠政府投入。这种单一的融资模式存在很多弊端：第一，政府投入的数额难以满足公民日益增长的公共体育服务需求。第二，政府投入公共体育服务各项内容的比例难以协调，导致少数人从事的竞技体育占有大量的资金，而多数人参与的群众体育经费微乎其微。第三，政府投入的效率、效果难以控制，各级、各地区差异较大。我国公共场地设施及专业人员资源闲置现象十分突出，作用发挥不够，缺乏有效的组织平台。相关调查发现，即使开放的体育场地，其利用率也不高。因此，公共体育服务必须拓宽融资渠道，合理分配公共体育服务各项内容的投资份额，提高资金使用效益，保证公共体育服务高质量运行。

## 三、完善的公共体育服务理论体系

理论指导实践，实践检验理论。公共体育服务理论指导公共体育服务实践运行，公共体育服务实践检验公共体育服务理论体系的可行性，为完善公共体育服务理论体系提供依据，而完善的公共体育服务理论体系具有以下两个方面的作用。

### （一）满足人民群众对公共体育服务的需求

随着我国经济发展水平的不断提高，人们对公共体育服务的需求不断增加，并且呈现出多样化、差异化的特征，要求也越来越高。应从我国的基本国情和现阶段发展实际出发，统筹考虑满足人们对基本公共体育服务的需要并兼顾其多样性，对现行组织管理体制进行必要的调整和改革。在中国特色社会主义进入新时代这一背景下，确立公共体育服务的内涵，建立公共体育服务发展目标，构建公共体育服务运行机制，使之成为完整的理论体系，是新发展理念在公共体育服务领域的具体实践。

### （二）提高公共体育服务实践的有效性

公共体育服务正处在发展阶段，在具体的实践中，会遇到很多问题。如果在理论体系的构建中，谨慎思考这些问题，提出适宜的对策，无疑会减少操作过程中的困难，提高公共体育服务的流畅性、有效性。另外，完善公共体育服务理论体系是体育事业向着高级目标发展的必要条件。只有理论体系扎实、有新意，实践体系流畅、有效，才能实现科学发展、可持续发展，实现为人民服务的目标，达到改善民生的目的。

## 四、均衡的公民公共体育服务需求

虽然公共体育服务的目标是满足人们日益增长的公共体育服务需求，人们对公共体育服务的需求是公共体育服务供给的向导，但是鉴于目前我国公共体育服务处于发展阶段，公共体育服务资金缺乏，公共体育服务供给单位能力参差不齐，各项服务水平还很有限，应该对公民的公共体育服务需求进行正确引导、适当分流，避免出现部分地区、部分阶层公民的公共体育服务资源过剩，而部分地区、部分阶层公民的公共体育服务资源不足的情况。只有均衡的公民公共体育服务需求才能为实现公共体育服务均等化创造条件，实现公共体育服务快速发展。

## 五、及时的公共体育服务评估反馈

及时的公共体育服务评估反馈是公共体育服务良性运行的重要保证，评估反馈是对公共体育服务的质量、效果做出评价，并将评价结果如实反映给公共体育服务供给主体的过程。及时的公共体育服务评估反馈，能够使公共体育服务供给主体迅速了解该阶段公共体育服务有效供给的比例，使公共体育服务理论体系研究者掌握该阶段公共体育服务运行过程中的缺陷，尽快做出相应的调整，并将其应用于下一阶段的公共体育服务实践。及时的公共体育服务评估反馈能够肃清公共体育服务中的不良风气，使服务人员严于律己，时刻牢记为人民服务的宗旨，为满足公民的公共体育服务需求而不懈努力。

# 第三章  乡村振兴战略下农村公共体育
服务治理的基本框架

## 第一节  乡村振兴战略
与农村公共体育服务治理

### 一、乡村振兴战略与农村公共体育服务治理的联系

为更好地解决事关国计民生的"三农"问题，实现亿万农民过上幸福生活的美好愿望，在对新农村建设继承和发展的基础上，习近平总书记在党的十九大报告中正式提出了乡村振兴战略。乡村体育振兴是乡村振兴的重要组成部分，既是增强农民体质、丰富农民精神文化生活、维护乡村社会和谐稳定的重要基石，也是增强中华民族凝聚力、创造力和国家文化软实力的有效途径。而构建新时代农村公共体育服务治理体系、提高农村公共体育服务治理能力正是落实乡村体育振兴，进而实现乡村全面振兴的必由之路。

（一）乡村振兴是深化农村公共体育服务治理的有力推手

乡村振兴是国家为改变农村落后面貌、推动农村新发展所实施的一项重大战略，是涵盖了经济、教育、文化多方面内容的战略，因此需要国家、政府、

企业、社会、公民个人的相互协调、相互配合，从而共同实现这一美好愿望。农村公共体育服务治理是农村体育治理的重要组成部分，其治理结果的好坏不仅决定着广大农民的体育需求能否得到满足、体育权益能否得到保障，更关乎着我国农村体育事业发展、全民健身开展热潮、体育强国建设进程的未来走向。

在当前农村体育发展滞后的窘境下，应抓住乡村振兴这一契机，大力推动农村公共体育服务事业的发展。一方面，政府、企业、社会组织、广大民众要齐心协力，共同为农村公共体育服务治理建言献策，构建出系统、完善的现代化农村公共体育服务治理体系；另一方面，应继续加大对农村地区体育发展的人力、物力、财力等资源的投入，结合城乡一体化建设，逐步缩小城乡之间的体育发展差距。此外，为加快我国体育强国建设步伐，推动我国体育事业的全面协调可持续发展，可借乡村振兴之风，从农民自身出发，激发农民体育运动兴趣，提高其体育参与意识，进而从治理的主、客体两个方面共同推进我国体育事业的发展。

## （二）农村公共体育服务治理是实现乡村振兴的关键抓手

农村公共体育服务治理是社会治理的基础和关键，是国家治理体系和治理能力现代化的重要组成部分。改革开放 40 多年来，我国经济社会发展取得了举世瞩目的伟大成就。国家富强，一方面，使得人民群众在丰衣足食的同时能够有条件、有机会去追求精神世界的满足，实现人的全面发展；另一方面，在生活环境日益优化、人民需求不断增加的今天，这也给我国传统社会管理体制和机制带来了巨大的冲击，突出表现为人民日益增长的美好体育需要与公共体育服务发展不平衡、不充分之间的矛盾。可以说，随着农村社会的进一步发展，农民将会对生活质量和公共基础设施建设提出更高的要求，公共体育服务、体育与健康、体育与发展等概念将在农村得到广泛传播。因此，在体育事业发展不断向好的大趋势下，继续深化行政体制改革，提高农村公共体育服务供给能力和供给水平，以农村公共体育服务治理为抓手来构建现代化农村公共体育服务治理体系，实现农村公共体育服务善治，不仅能使我国广大农民群体共享国家繁荣、体育昌盛所带来的进步成果，切实保障其合法体育权益不受侵害，更能够补齐农村体育发展短板，为进一步实现城乡体育一体化发展和乡村振兴奠定良好的基础。

## （三）乡村振兴战略与农村体育发展双向促进

### 1.增加体育锻炼人数

乡村经济的振兴能够使更多的人拥有更好的物质生活，使人们将更多的经济资源投入身体素质提升当中。此外，经济生活水平的提升还能够促使乡村地区的人们拥有更多的空闲时间来参与体育锻炼，并使其了解到更多积极、健康的生活方式。乡村经济的高质量发展能够使更多的人参与体育锻炼活动，使人们有足够的空余时间和财力进行专业体育锻炼。

### 2.加强农村地区的现代化体育基础设施建设

乡村经济的高质量发展能够使该地区有更多的资金投放在体育设施的建设上，使乡村地区的每一个社群都能够拥有完善的体育基础设施。完善的体育基础设施能够使人们在日常生活当中拥有相应的场地和器械进行体育锻炼。在结束一天的辛苦工作之后，乡村地区的人们能够在自己的家门口找到适宜的场所和相应的设施来进行身体锻炼。这样的便捷性能够保障更多的人在工作之余积极地投身于体育锻炼事业当中，同时也能够使他们的身体素质在长时间的体育锻炼中得到有效提升。

### 3.有效促进农村地区的经济发展

体育事业的不断发展能够在一定程度上推动乡村经济的发展。体育事业的发展能够使乡村地区的人们拥有强健的体魄和良好的身心状态，这能够使他们以更加饱满的热情投身于工作中，从而提高劳动生产率。此外，当地富有特色的体育事业建设还能够使旅游业得到很好的发展。体育健身项目同乡村地区的山水风景相结合，能够吸引更多的游客到当地旅游，增加当地的旅游收入。

## 二、乡村振兴战略下农村公共体育服务治理的价值体现

构建农村公共体育服务治理体系是完善社会治理体系、提高社会治理能力的重点和关键，是推进国家治理体系和治理能力现代化的重要手段，其不仅关乎党和国家重农、惠农有关政策文件的有效落实，更对丰富农民体育文化生活、促进乡村社会和谐稳定等有着直接的影响。

### （一）是落实乡村振兴战略的内在要求

改革开放以来，我国经济社会在飞速发展的同时也经历着急剧的变革，特别是农村人口向城市的大规模迁移以及"城市化""工业化"进程的快速推进，使我国迅速改变了以往贫穷、落后的社会面貌。与此同时，我国农村的社会结构、社会秩序以及价值观也遭受着巨大的冲击，产生了诸如农村"空心化"、农业"边缘化"和农民"老龄化"等问题，而这背后还潜藏着农业用地流失、传统文化断层、社会道德滑坡等风险。为有效解决我国农村治理这一难题，习近平总书记在党的十九大报告中指出，"必须始终把解决好'三农'问题作为全党工作的重中之重"。由此可以看出，党和国家对维护农民利益的决心。在当前政治多极化、经济全球化、文化多元化的世界格局下，国家与国家之间综合实力的比拼愈发激烈，而体育作为国家文化软实力的重要组成部分，其被赋予的意义也不再局限于增强人的体质和丰富人的精神等微观层面，其承载的更

多是维护社会和谐稳定、促进民族整体发展以及彰显国家综合国力等宏观意义。就结构而言，体育治理体系的建设是推进国家治理体系现代化的一项基础性工程，从这一方面来说，农村公共体育服务治理体系作为我国体育事业进一步发展和体育治理体系趋向完善的重要影响因素，势必会影响到国家治理体系的整体推进。在当前推进国家治理体系与治理能力现代化的大背景下，农村公共体育服务治理体系的提出，不仅指明了我国未来农村公共体育服务建设的方向，更为农村实现"产业兴旺""生态宜居""乡风文明""治理有效""生活富裕"的目标奠定了深厚的根基。

## （二）是满足农村居民多元化、个性化体育需要的时代诉求

完善的社会治理体系是提高社会治理能力，实现人民美好生活愿望的先决条件。党的十九大报告指出，我国社会主要矛盾已经转化为人民日益增长的美好生活需要和不平衡不充分的发展之间的矛盾。这表明我国人民的生活需求已不再停留于物质上的"吃饱""穿暖"，而是向高质量、高层次、多样化的精神需求迈进，这在农民身上体现得更为彻底。随着国家在政策和战略上向农村地区不断倾斜，农民群体的生活条件得到了明显改善，市场经济的发展促进了农产品的销售，提高了农民群体的收入；城乡产业转移减缓了人口流动速率，保障了农民再就业的权利；农业机械化水平的提升，改变了以往低效的耕作方式，将农民从繁重的农活中解放出来，这些举措也为农民从事体育运动创造了有利的条件。新时代，随着我国经济、科技、文化水平的不断提升，城乡一体化进程的不断推进，以及农民自身思想观念的转变，体育运动增进身体健康的独特功能被充分挖掘，各类体育项目也是层出不穷，诸如气功、太极、石锁等传统运动项目，篮球、羽毛球、乒乓球等现代运动项目，以及广场舞、轮滑、跆拳道等新兴运动项目都相继出现在农村大舞台上。可以说，随着未来我国乡

村经济社会的持续发展，农民群众的体育需求将更加多元化。为此，党和政府要始终站在农民的立场上，运用多种方式和手段消除农民日益增长的美好体育需要与公共体育服务发展不平衡不充分之间的矛盾，而构建科学、高效的农村公共体育服务治理体系正是满足农民群众多元化、个性化的体育需要并提升农民生活幸福感与获得感的时代诉求。

## （三）是实现农村公共体育服务治理现代化的必然要求

农村公共体育服务是国家公共服务的重要组成部分，其发展在一定程度上受到了党的执政方式的影响，经历了由"管理"再到"治理"的发展历程。在计划经济时代，由于国家资源高度集中，农村公共体育服务发展更多地体现出自给自足的特征。随后，随着改革开放的不断深入、农民思想意识的觉醒以及社会管理理念的提出，农村公共体育服务迎来了高速发展阶段，体育基础设施建设加速推进，满足了广大农民的基本体育需求。党的十八大以来，在推进国家治理体系和治理能力现代化和向服务型政府转变的背景下，为更好地践行为人民服务的宗旨，治理逐渐取代管理，而农村公共体育服务也开始向现代化治理方向发展。相较于以往的发展模式，现代化农村公共体育服务治理表现出以下几个特征：

第一，治理主体多元化。现代化农村公共体育服务治理主张政府、市场、社会组织以及农民等共同参与治理过程，共同享受治理成果，在减轻政府治理压力的同时极大地提高了治理效率。

第二，治理手段多样化。在管理背景下，政府主要依靠行政手段来达到管控调节的目的，这既不利于发挥农民的主观能动性，又容易造成体育资源的浪费。现代化治理则提倡运用教育、行政、法律、道德等多样化的手段来实现治理目标。

第三，治理目标多元化。新时代，随着农村经济社会的不断发展，农民的体育需求逐渐向多元化、个性化的方向发展，而农村公共体育服务治理目标也根据农民多样化的体育需求产生了多层次的变化。这些新特征的出现给传统农村公共体育服务发展模式带来了巨大的冲击。为化解当前农村体育事业发展的危机，应构建一种现代化农村公共体育服务治理体系，这将是实现农村公共体育服务治理现代化的必然要求。

可以说，农村公共体育服务治理现代化不仅是促进体育消费、发展体育产业的重要内容，也是提高国民综合素质、实现全民健身宏伟目标的条件和基础，同时更是提升我国体育综合实力、建设现代化体育强国的重要标志。农村公共体育服务治理现代化的实现要以农村公共体育服务治理体系的构建和农村公共体育服务治理能力的提高为判断依据。

# 第二节　农村公共体育服务治理体系的构建理念

构建农村公共体育服务治理体系的目的是为农民群众提供高质量、高层次、多样化的公共体育服务，以满足新时期农民多元化、个性化的体育需求。在构建农村公共体育服务治理体系时也应当站在新的历史起点，提出新的构建理念，建设新型的、现代化的农村公共体育服务治理体系，以期实现农村体育事业新的发展。

# 一、为人民服务，不断增强农村居民体质

全心全意为人民服务是中国共产党的根本宗旨。以人为本，就是要把人民的利益作为一切工作的出发点和落脚点，把人民群众作为推动历史前进的主体，不断满足人的多方面需要和实现人的全面发展。我国是人民民主专政的社会主义国家，人民是国家的主人，不断满足人民日益增长的对美好生活的需要是党和国家的使命。为人民服务的同时坚持以人为本就是要把保障民生、改善民生放在各项工作的突出位置上，坚持保障和改善民生不动摇，从整体上增进民众福祉。

在构建农村公共体育服务治理体系时也要坚持"为人民服务，以人为本"的理念，把农民的利益作为各项工作开展的核心；把增强人民体质、丰富人民精神文化生活和促进人的全面发展作为出发点和落脚点；把不断为农民提供更为优质的公共体育服务和推动农村体育事业的发展作为农村公共体育服务治理体系构建的最终目标。

新时期，虽然国家经济、社会的转型以及多元共治的思想在无形中减轻了政府提供公共服务的压力，但其主体地位和主导作用却愈发明显。在当前强调政府服务职能的社会大环境下，政府只有加快适应服务型政府的建设目标和要求，发挥自身在宏观调控和微观调节中的独特价值，才能真正实现体育发展为了人民、体育发展依靠人民、体育发展由人民共享的美好愿景。政府工作人员要在思想上实现由"官本位"向"民本位"的转变，使公仆意识、服务意识、公众至上的价值观念深深地扎根于每一个人心中。

在服务的提供上，要在为人民服务和以人为本理念的加持下，以一视同仁的态度对待每一个农民个体，凸显出公共体育服务的公共性、平等性。相关部门要在广泛调查并听取社会各阶层民众意见的基础上，建立规范、完善

的农村公共体育服务信息收集机制，为政策的制定与实施提供目标和方向，避免出现一些不切实际、远离农民群众实际需求的体育建设工程，力求做到在保障广大农民短期利益的同时，专注于农村公共体育服务事业的可持续发展。

## 二、与时俱进，探索新型农村公共体育服务治理方式

与时俱进是马克思主义的理论品质，也是党的思想路线的重要内容，更是推动中国特色社会主义事业发展向好的重要动力；创新是新时代我国经济社会发展的主旋律，是实现我国由现代化大国迈向现代化强国的重要依托。纵观马克思主义发展的历史轨迹和中国革命与建设的实践历程，尤其是改革开放以来国家经济社会发展的实际情况，可以清晰地看到与时俱进和不断创新在其中所发挥的重要作用。从构成上来看，与时俱进是基础，不断创新是提高，二者相辅相成。所有事物只有在与时俱进、顺应时代发展潮流的基础上才能依靠创新思维迈向更高层次的发展阶段，从而满足人们日益多元化的需求。

具体到体育领域，在构建农村公共体育服务治理体系时也必须树立"与时俱进，求创新"的理念，保证构建体系的先进性、适时性，将化解广大农民日益增长的体育需求与农村公共体育服务不平衡不充分发展之间的矛盾作为构建农村公共体育服务治理体系的根本立足点，统筹多方面力量共同参与。在厘清政府、市场、社会三大主体间关系与责任的基础上，继续强化政府在农村公共体育服务发展中的主体地位并发挥其主导作用，吸引市场与社会力量的参与和帮助，促进多方参与和共同治理机制的形成，从而为农村公共体育服务的高质量发展奠定坚实的基础。

可以肯定的是，当前处于由竞技体育优先发展转向群众体育优先强化的过渡时期，体育事业改革必然遇到各种阻碍。要想打破传统体育单一发展的

局面，建立长效的体育行政管理体制和市场竞争管理机制，就需要多主体、多部门转变治理理念，树立与时俱进的意识，从以往注重外在的金牌、荣誉转向注重内在的体质、健康，充分发挥体育的本源价值。当然，仅靠思想上的与时俱进改变不了农村公共体育服务治理的窘境，唯有在行动上也表现出不断创新的决心，整合体育事业改革过程中的多股力量并形成治理合力，才能充分实现农村公共体育服务治理体系构建的内在价值，使农村体育事业焕发出新的生机。

## 三、协同共治，开拓创新农村公共体育服务治理模式

习近平总书记在党的十九大报告中指出，要坚持走中国特色社会主义社会治理之路，加强社会治理制度建设，完善党委领导、政府负责、社会协同、公众参与、法治保障的社会治理体制，打造共建共治共享的社会治理格局。现代化社会治理是在对传统社会管理扬弃的基础上以及顺应国家经济社会发展的背景下所产生的，其主张在多元主体间通过合作、互助、协调、共进的方式达到治理目标。

健全农村公共体育服务治理体系是完善社会治理体系、提高社会治理能力的重要助推力，因此也必须将"协同共治，促和谐"的理念贯穿其中，把促进多元主体合作互助作为开展治理工作的第一要务，把不断为农民提供多层次、多样化、高质量的公共体育服务作为构建农村公共体育服务治理体系的出发点。要想更好地将我国建设成为社会主义法治国家，加快服务型政府的转变速度，就要协调好各治理主体之间以及政府各部门之间的利益分配，在不伤害各自利益的前提下引导其在团结协作的基础上形成治理合力，进而构建出以协作为核心的农村公共体育服务治理体系。为此，政府要充分发挥自身的主导作用，

对内通过多种硬性体育法规、文件做好政府各级行政部门的权责分配工作，在体育行政部门的指引下统一增加发展农村公共体育服务的"输出量"；对外制定多种软性政策、章程、条例团结企业、社会组织和民众的力量，形成以政府为龙头的组织，继续满足广大农民群众的体育需求，力求实现农民体育需求各方面的全覆盖。

此外，要想实现农村经济社会和谐发展的目标，在具体治理过程中就要做到"有同有异"：地方农村公共体育服务发展标准和体育指导、信息宣传、设施维护等方面，在同一地区应力求做到相同，而对于场地设施、活动开展的具体内容，可在能力范围之内尽量做到有差异性、针对性，根据不同地区民众的体育需求特点提供不同的公共体育服务。

# 第三节　农村公共体育服务治理
# 体系的构建目标

现代化农村公共体育服务治理体系的构建是实现农村公共体育服务治理现代化的逻辑起点，也是衡量农村公共体育服务治理水平和治理能力的重要标尺，其关系到农民群众能否真正享受到与国家经济社会发展相匹配的优质体育服务。构建农村公共体育服务治理体系实质上是一个变传统治理为现代化治理的过程，是通过对制度、结构、方法、功能等要素进行变革来最终实现治理的高效化和法治化的过程。

# 一、提高农村居民公共体育生活水平

公共服务发展以改善民生为核心内容和根本目的，是实现民生保障的重要途径。公共体育服务作为社会公共服务的重要组成部分，在国家经济社会飞速发展和人民生活水平快速提高的今天已然成为又一大民生问题。而构建现代化农村公共体育服务治理体系正是为了解决民生问题，保障农民权益，其民生目标主要体现在：

第一，实现农民个体民生改善。农村公共体育服务是为满足农民体育需求而提供相关产品与服务的行为，与农民个体的体育体验感、参与感息息相关。因此，发展农村公共体育服务必须始终以农民的需求和高质量的服务为中心，从而健全农民的个体人格，促进其身心的全面发展。

第二，发展社会群体民生福利。农村公共体育服务本质上是一种针对所有农民的群体性行为，农民作为促进国家发展的重要贡献者，有权利享受到更为优质的公共体育服务，而保障这种权利正是民生改善的具体目标。构建农村公共体育服务治理体系有利于增加农民福祉，更好地实现为农民服务的目的。

# 二、依法治理农村公共体育服务发展

党的十九届四中全会提出，要"加强系统治理、依法治理、综合治理、源头治理，把我国制度优势更好转化为国家治理效能，为实现'两个一百年'奋斗目标、实现中华民族伟大复兴的中国梦提供有力保证"。依法治理是现代化国家建设和现代化治理体系构建的内在要义，是通过强化社会群体的法律和规则意识，依靠法律契约约束力，来达到"良法之治"目标的一种治理模式。

第一，完善法律保障体系。有法可依是法治的重要前提。对此，各地相关部门应根据《中华人民共和国体育法》《全民健身条例》《农村体育工作暂行规定》等法规，制定符合本地区的地方性体育法律法规，在总体上指导该地区农民体育活动的开展。

第二，落实法律实施工作。法律的生命在于实施，为此各级政府部门领导干部必须首先带头尊崇农村公共体育服务法律文件，树立起法律的权威性，在具体操作过程中，必须做到执法公正，守护好法律的公信力。

第三，健全法律监督机制。法律监督有利于维护社会公平正义。各级法律监督机关、媒体、社会公众要对农村公共体育服务的过程进行监督，切实保障农民群众的合法权益。

## 三、提高农村公共体育服务治理效率

效率是农村公共体育服务治理体系构建的生命线，同时"治理有效"也是乡村振兴战略实施的总要求之一，从根本上来说，治理的目的就是以最少的资源投入换取最大的公共效益，尽可能地满足农民的体育需求。纵观影响农村公共体育服务治理体系构建的效率的诸多因素，制度设计最为根本，对整个体系的内部运转效率和外部执行效率都起着决定性的作用。制度体系是由一系列法律法规、政策、规定、文件所构成的多元素综合性系统，因此建立起各制度之间相互协调、相互补充的互通耦合机制，发挥出多元素之间的辐射合力，对于提升整体治理体系的效率有着重要影响。

# 第四节　农村公共体育服务治理
# 体系的构建原则

构建农村公共体育服务治理体系既要按照实施乡村振兴的总体要求,运用科学、系统的理论与方法,结合以城带乡和城乡一体化发展的理念,根据农村公共体育服务的概念和基本特征,设计并确定治理的制度、结构、方法、功能等具体参数,并在宏观上加强对这些子体系的协调、引导,从而形成治理合力,又要遵循构建体育治理体系的一般原则。

## 一、公益性原则

农村公共体育服务旨在为农民群众提供其需要的体育产品和服务。相较于城市居民,农民的健身意识相对不强,用于体育方面的消费也不太高,在农民消费意愿不强的情况下,农村公共体育服务的发展应遵循公益性原则。为了保证农村公共体育服务的公益性,相关部门应该起到主导作用,加大对农村体育场地、器材设施以及体育指导等的资金投入力度,把发展农村公共体育事业所需的资金纳入财政预算,制定相关政策法规来约束有关部门,真正实现农村公共体育服务的公益性。

## 二、整体性原则

整体性治理是当前政府治理模式所遵循的一项基本原则,是针对"碎片化"治理所带来的一系列问题所提出的一种新型治理模式,其强调通过各组织部门之间的协调、整合、信任来充分整合资源,推进整体机构的运作,从而实现"善治"目标。当前,提供农村公共体育服务的有关政府机构和部门数量不少,这些机构和部门在具体工作中可能因权责不清或出于对自身利益的维护而产生冲突,从而导致整体效率低下,这会在一定程度上削弱政府治理能力,损害农民的利益。因此,在构建农村公共体育服务治理体系时,必须始终以一种全局性的眼光来坚守治理体系的目标和价值,通过建立各部门之间协同、合作的治理机制,来打破各部门之间的体制藩篱,从而在有关农民核心利益的工作上达成共识并付诸实践,保证整体治理方向的稳定。此外,这些部门要在相互协调、相互补充的基础上建立起彼此信任的关系,在"民本"理念和"改善民生"目标的指引下,进一步实现融合,向纵深方向发展,为构建农村公共体育服务治理体系不断努力。

## 三、社会化原则

与统治、管理不同的是,现代治理是一种由共同目标所支持的活动,是由政府和社会力量共同参与,依靠多种手段和途径达到自身目标的行为。自然,社会性将是现代治理所必须遵循的一大准则。构建农村公共体育服务治理体系从本质上看是为了提高农村公共体育服务治理能力,实现农村公共体育服务治理的现代化和农村体育事业的新发展。因此,继续加大引导社会力量参与农村公共体育服务发展的力度,形成多元协同共治的局面是落实治理社会化原则、打破传统单向管理桎梏的必由之路。

多元治理理论强调,治理是一种由众多不同利益主体共同参与的,涉及公、私部门的活动。因此,承担着主要责任的政府首先必须树立多元共治、社会共治的思想,在农村公共体育服务发展过程中积极培育社会力量,待到时机成熟时逐渐形成多元共治的局面。其次,相关市场管理部门要尽快落实企业、个人、社会组织参与治理的规定、办法,适当放宽进驻条件,给予一定的优惠政策或补贴,真正将多元共治变为可能。最后,政府在治理前必须根据多元主体的数量、能力分配相应的治理任务、责任与权力,为打造共建共治共享的治理格局打下坚实的基础。

## 四、均等化原则

新时代背景下,我国经济社会在快速发展的同时城乡公共体育服务发展的差异化和不均等化与人民日益增长的体育需求之间的矛盾逐渐凸显。因此,在构建农村公共体育服务治理体系的过程中必须体现出公平、民主的特点,突出均等化、均衡化的原则。为此,各级政府首先应在规划、指导、协调等方面发挥作用,建立并完善城乡公共体育服务一体化管理体制,定制专门符合各地发展特点的顶层设计,并在具体工作中严格遵循。各市、县(区)政府应根据省级要求并结合当地实际情况,建立相应的政策体系、指标体系、标准体系和绩效评价体系等。制定出推动本地区城乡公共体育服务均等化发展的规划、计划,并明确各部门的责任、分工,将均等化原则落到实处。其次,重新规划体育资源的分配,加大对体育发展落后地区的资源投入力度,缩小城乡体育发展差距。最后,建立"城乡联动"机制,加强城乡体育的融合与交流。可以发挥小城镇独特的区位优势,发挥其连接城市与农村的"桥梁"作用,促进城乡居民的体育流动,推动农村体育事业发展。

# 第四章　乡村振兴战略下农村公共体育
# 服务治理分析

## 第一节　乡村振兴战略下农村公共
## 体育服务现状分析

　　长期以来，城乡公共服务不均等的发展状态一直是影响我国社会治理水平进一步提升的关键因素，而农村是我国社会的构成基础，其治理成效与农民需求之间的突出矛盾在强调"为人民服务"的今天已愈发成为社会治理现代化进程中的关键因素。为尽快补齐农村公共服务发展短板，推动乡村经济社会向健康、高效、可持续的方向发展，国家各级政府必须以"乡村振兴战略"为指引，结合"城乡一体化"发展目标并运用多样化、科学化、现代化的治理手段，建设出一个和谐美丽、欣欣向荣的新农村。

　　对农村公共体育服务治理现状的深刻剖析是构建农村公共体育服务治理体系的重要前提，农民日益增长的实际体育需求、日常体育锻炼的参与情况以及对现有治理成果的满意程度都是研究农村公共体育服务治理的重要着力点。保障广大农民基本的体育权利是提高农村公共体育服务治理效率、推动农村体育事业健康发展、实现国家体育治理现代化的核心问题。

# 一、农村公共体育服务场地设施建设现状

农村公共体育服务场地设施建设是农村公共体育服务治理中最为基础，同时也是最为重要的内容。近年来，在各级政府、各级体育行政部门和各单项体育协会的共同努力下，各地体育面貌发生了翻天覆地的变化。特别是随着农民体育健身工程的扎实推进，各地加快体育场馆建设速度，不少地方实现了各市和各区县都设有集塑胶跑道标准田径场、游泳馆于一体的大型全民健身中心，各乡镇都建有小型全民健身中心或多功能体育场，各建制村都建有篮球场、乒乓球台和健身广场的目标。

笔者在走访中发现，不少建制村在公共体育场地设施上基本都配备了混凝土篮球场、室内或室外乒乓球台、公共健身广场以及简便的全民健身路径。每到傍晚就陆续有村民到健身广场进行体育锻炼，男性以乒乓球、羽毛球和全民健身器械为主要健身设备，女性大多聚集在健身广场上跳广场舞。

# 二、农村公共体育服务健身指导现状

随着近年来人民生活水平的不断提高，全民健身与全民健康的意识也在不少农村居民之间蔓延开来，越来越多的人在参与体育锻炼的同时也推动了农民体育需求向多元化、多极化、高层次的方向发展。但从科学锻炼的角度来说，正确的锻炼方式与方法能够促进人体机能水平与素质能力的提高，能够增强人的体魄。而错误的锻炼方式不仅不能强身，反而容易伤身。农民由于长期生活在农村，受到文化水平、教育程度、场地设施、接触人群的制约，难以学习到科学、专业的体育锻炼方法，长此以往，这不仅会给农民身体造成损伤，还容

易使其对体育锻炼失去兴趣，给农村体育锻炼氛围的营造和全民健身事业的开展带来消极影响。因此，必须提高社会体育指导员的数量与质量，加大持续向农村基层提供体育健身指导服务的力度，杜绝农民错误锻炼方式的出现，保障体育事业的正向发展轨迹。

笔者从某省社会体育指导员协会了解到，截至 2019 年底，该省拥有社会体育指导员人数已突破 30 万人，基本实现了每万人拥有社会体育指导员 35 人的目标，而且在社会体育指导员人数不断攀升的同时，其涵盖的项目范围也愈发广泛。据统计，在 2018 年，仅该省社会体育指导员协会就举办了内容涉及14 个项目的 14 期培训，其中有篮球、羽毛球、太极拳、广场舞等多种现代运动项目及民族传统运动项目。为补齐农村体育发展短板，实现全民健身目标，该省各市、县（区）积极推动社会体育指导员培训向乡镇和建制村下移。

可以预见，在社会体育指导员队伍不断壮大的今天，越来越多的农民群众将会在专业指导下掌握最新型、最科学、最专业的体育健身方法，并全身心地投入全民健身热潮中。

# 三、农村公共体育服务组织管理现状

从体育的社会交往功能来看，单一的个体在参与体育锻炼时既不能与人有效互动，得到精神上的满足，也不利于相关部门统筹管理和组织活动。因此，为了更好地保障广大公民的体育权利，提高人民群众在体育运动中的参与感、幸福感与获得感，必须加快建立制度规范、职能完善、服务高效的体育组织或团体，为实现农村公共体育服务治理体系和治理能力的现代化奠定坚实的基础。

体育社会组织是公民为了参加体育运动，在政府、社会的管控和监督下，行使管理、服务、协调、监督等权利而形成的群众性自治组织。近年来，在国家体育总局、中华全国体育总会的热切关注下，全国体育社会组织无论是在数量上，还是质量上都有了明显提升。以某市为例，截至 2020 年 6 年，该市体育社会组织总数已达 784 家，体育类社会组织注册会员也逐年增加，全市注册会员超过 90 万人。仅 2019 年一年，该市体育社会组织开展的各类体育赛事活动超过 2 500 项，拉动数百万人参与体育锻炼。

在建设服务型政府和推动"管办分离、政社分离"的大背景下，体育社会组织作为政府联系群众的重要纽带，在激发群众体育参与热情、促进人文社会和谐、协同政府体育共治等方面都发挥着重要的作用。而在全国体育社会组织不断壮大的趋势下，农村公共体育事业发展势头良好，农民参与体育锻炼的热情空前高涨。

## 四、农村公共体育服务信息宣传现状

近年来，我国在竞技体育事业上取得了举世瞩目的成就，而如何将这种由伟大成就所衍生出的民族自豪感根植在每一位公民心中，从而实现竞技体育与群众体育协调发展将是体育信息宣传工作最大的意义。在当前这个信息化、数字化、网络化高度发达的时代，人们能够轻而易举地在网络上获取各种各样的信息资讯。但对于农民群体而言，由于其受到文化教育水平、经济发展程度等因素的制约，因此在体育信息获取上有着天然的劣势，这也是农村体育事业发展滞后的原因之一。当下，如何将体育信息宣传工作与信息化手段更加紧密地结合在一起，将海量的体育信息及时、准确地传递到每一个角落，不仅是所有体育信息宣传工作者所面临的紧要议题，更是实现全民健身美好愿景、推动我国体育事业向更高层次发展的重要着力点。

体育信息宣传是激活群众体育发展动力、推动农村健身事业逐步开展的重要着力点。近年来，在体育行政部门的统筹管理下，各地体育信息宣传工作开展情况较好，人民参与体育锻炼热情较高，体育氛围持续高涨。例如，某区体育局在贯彻上级体育部门精神的同时，不断创新宣传手段，综合利用政府网站平台、自有平台以及外部全媒体渠道进行多角度、多方位、全方面的宣传，打通农村体育信息通道"最后一公里"，让农民共享信息化服务，获得了广大农民群众的一致好评。某县从完善体育信息宣传的体制机制入手，不断加强体育宣传队伍建设，完善县内体育宣传信息共享机制，注重在体育宣传的选材、文字、格式、质量、时效上下功夫、求突破，基本形成了一种以更加规范、科学的体育宣传体制机制来向广大农民传递信息的模式，使农民参与体育锻炼的积极性显著提高。

## 五、农村公共体育服务活动开展现状

为全面提高全体国民的身体和心理素质，提高广大人民生活的获得感和幸福感，进而实现全民健康的伟大目标，党中央、国务院接连颁布一系列以增强国民体质和提升国民健康水平为目的的国家指导性文件。而农村作为我国群众体育事业发展最艰难，同时也是最薄弱的地区，如何激发广大农民参与体育锻炼的意识和主动性就成了当下群众体育事业发展所面临的最关键问题。有序地举办体育赛事活动是引导农民参与体育锻炼最直接的方式，通过这种"以赛代练"的形式，让农民群众在活动、比赛中体会到运动的乐趣，进而从自身内部对体育运动产生兴趣，是营造农村体育氛围、补齐农村体育发展短板最为有效的方式。

近年来，在党中央、国务院以及各级地方政府的热切关注下，全国农村体育事业得到了更好的发展，特别是各类体育赛事活动层出不穷，这让广大农民在强身健体的同时，还获得了精神上的满足，加强了与其他人的联系。例如，某地的"美丽健康乡村行"活动已连续举办多届，参加总人数突破1万人，该活动在积极引导农民参与体育锻炼的同时，还推动了农村第一、二、三产业的融合发展。此外，在该活动的影响下，各乡镇、农村还积极探索多样化发展道路。例如，某镇在推进美丽乡村建设的同时，探索出以乡村特色旅游为核心的发展之路，各类公园、田园景区的出现推动了小镇旅游业的发展，为农民带来了不错的经济收入。而这种乡村环境和设施的完善也进一步激起不少年轻人回乡创业的热情，咖啡馆、民宿的出现为乡村生活带来了现代气息，进一步拉动了小镇经济的发展。

# 第二节　乡村振兴战略下农村公共体育服务具体情况调查

乡村振兴，核心在"人"。农民是乡村生活的主体，实施乡村振兴战略从根本上来说也是为了促进农村地区的发展，为广大农民提供更为优质的生活条件。因此，对农村公共体育服务治理的研究必须始终站在广大农民的立场上，深入分析农民群众独特的体育需求，在对不同层次农民的不同体育需求深入分析的基础上，采取多元化、多样化的治理措施，推动农村地区群众体育事业的发展，进而为农村公共体育服务治理体系的构建奠定坚实的基础。

笔者根据各地经济发展情况，从东、中、西部各选取2个建制村作为调查对象，共计收回 282 份有效问卷。通过对反馈结果进行统计分析，一方面能更直接地了解农民的体育需求，另一方面能让诸多治理者结合当前的实际情况，在按需治理的基础上最大限度地提高治理效能，做到"有效治理"。通过对问卷结果的整理分析，将所获得的信息分为以下几方面。

## 一、参与调查人群基本情况分析

近年来，受城镇化和城乡产业转移的影响，农业人口外出务工成为广大农民增加收入的主要方式。在本次调查中，受访群体以妇女群体和 45 岁以上中老年人为主。在被调查的农村居民中，女性略多于男性，分别占 53.9% 和 46.1%，45 岁以上人群占 71.1%（包括 21.3% 的 60 岁以上的老年人群体）；而 18～45 岁的青年人群占 14.2%；从学历上来看，大部分农村居民受教育程度不高，高中及以下学历的人占 85.8%；从职业上来看，农民、外出打工者和工人所占比例较大。

调查显示，有 262 人（占比 92.9%）愿意通过参加体育锻炼的方式来增强体质，保持健康体魄，有 20 人选择通过其他方式来增进自身健康，这一数据表明现阶段农村居民对于自身的健康问题十分关注，也体现了他们对于体育锻炼的需求程度较高。在工作能否代替体育锻炼的问题上，选择"可以"或"部分可以"的人数为 197 人（占比 69.9%），这说明农村居民尚未对体育锻炼形成一个科学的认识，"动"即体育锻炼的错误思想仍然存在。另外，对于闲暇时间的利用，有超过一半的人选择看电视、玩手机或上网、下棋、喝酒聊天，人数分别为 58 人（占比 20.6%）、49 人（占比 17.4%）、44 人（占比 15.6%）、12 人（占比 4.3%），选择参加体育锻炼的人数为 119 人（占比 42.2%）。这一比例反映出当前农村居民在闲暇时间更愿意参加一些不需要付出体力的休闲项目，体育运动仍然不是人们在闲暇时间的首选，这也从侧面说明当前农村居民的健康意识虽然有了很大的提高，但是自觉参与体育锻炼的意识仍然不够强。

## 二、农民参与体育锻炼的具体情况分析

### （一）农民参与体育锻炼的目的分析

从表 4-1 中可以看出，农村居民参与体育锻炼的目的以强身健体和预防疾病为主，选择人数分别为 261 人（占比 92.6%）、211 人（占比 74.8%）。笔者分析，一方面，随着近年来农村经济发展速度的不断加快，广大农村居民经济收入也逐年递增，在经济基础得到相对提高的情况下农民开始更加关注自身的身体健康；另一方面，电视、手机、电脑等数字化产品的普及极大地降低了农村居民获取体育与健康信息的成本，再加之近年来全民健身事业的深入开展，体育锻炼与健康生活理念逐渐向农村地区渗透，从而使农民参与体育锻炼的积极性和主动性日益高涨。同时，通过调查也可以发现，体育对于促进人们心理健康的作用也逐渐被认可，农村居民为了消遣娱乐和结交朋友而参与体育锻炼的不在少数，甚至有几位农民认为体育锻炼能够使他们心情愉快，一天不锻炼就浑身难受。

表 4-1　农民参与体育锻炼的目的（可多选）

| | 强身健体 | 消遣娱乐 | 预防疾病 | 健身健美 | 结交朋友 | 其他 |
|---|---|---|---|---|---|---|
| 人数（人） | 261 | 163 | 211 | 73 | 109 | 3 |
| 占比（%） | 92.6 | 57.8 | 74.8 | 25.9 | 38.7 | 1.1 |

总体而言，目前农村体育锻炼的环境相较以往已经有了很大的改善，越来越多的农村居民也自发地加入全民健身队伍当中。特别是在体育产业快速发展的今天，农民获取体育服务、信息的效率大大提高，这能在一定程度上激励更多的人参与体育锻炼。

## （二）农民参与体育锻炼的频率及时长分析

调查显示，农村居民每周锻炼 1～2 次和 3～4 次的人数最多，分别为 98 人和 67 人，占比为 34.8% 和 23.8%；每周锻炼 5 次及以上的共有 21 人，占比为 7.4%；分别有 62 人和 34 人选择了不固定锻炼和从不锻炼，占比为 22.0% 和 12.1%。

在每次锻炼的时长上，不足 30 分钟的有 42 人，占比为 14.9%；选择锻炼时长为 30 分钟到 1 个小时的人数为 83 人，占比为 29.4%；选择每次锻炼 1～1.5 小时和 1.5～2 小时的人数相对较少，分别为 18 人和 7 人，占比为 6.4% 和 2.5%；选择锻炼时间不固定的人数最多，达到了 132 人，占比为 46.8%。

在走访中笔者还发现，一些村一级的私人工厂为了自身的效益往往过度压榨工人的劳动时间和精力，一些村民一天工作 10 小时、12 小时也是常有的事，在这种情况下，农民确实也很难有时间参与体育锻炼。此外，农村人口老龄化也是一个重要的影响因素。一方面，调查发现，在每周锻炼次数不固定和每次锻炼时间不长的人中大多数是 60 岁及以上的老年群体，他们由于身体原因不能外出务工，只能被动地留在家中；另一方面，部分老年人行动不便，这使得他们对体育锻炼的兴致不高，在没有科学指导的情况下，他们只能选择散步这种风险较低的活动，有些害怕受伤的老年人甚至直接不锻炼，这也是农村体育锻炼氛围不佳的一个原因。

（三）农民参与体育锻炼的场所分析

体育场所是农民参与体育锻炼的重要物质前提，其不仅能够有效反映农村体育事业发展的情况，还能从侧面展现出农民体育锻炼的基本方式。近年来，在各级政府部门的努力下，农村体育场所无论是在数量上，还是质量上都有了明显提升，对这些进行分析能够很好地了解农民参与体育锻炼的基本情况。

调查发现，选择在村里的健身广场锻炼的人数最多，达到了 183 人，占比为 64.9%。这一数据充分体现出各地在体育场地设施建设上的卓著成绩，在体育科学化、全民健身日常化的未来，这一数据仍将持续增加。同时，选择在马路边、家中锻炼的分别有 28 人和 12 人，占比为 9.9% 和 4.3%。针对这一数据，各村应当反思本村的体育健身广场的选址是否科学，是否有部分居民因距离健身广场较远而不愿意前往。有 52 人选择到村里的文体室活动，该选项的活动类型以打牌和下棋为主。仅有 4 人选择去附近的学校锻炼，笔者认为产生此种现象的原因有以下几点：一是由于学校间的资源合并，一些基层学校不在本村；二是学校体育与群众体育资源不互通，一些学校或出于对学生安全的考虑，或出于对学校管理的考虑，不愿意主动、积极地向社会开放体育资源。

（四）农民参与体育锻炼的项目分析

调查显示，当前农村居民最主要的锻炼项目是散步和跑步，分别为 211 人和 173 人，占比为 74.8% 和 61.3%。而在诸多球类运动中仅有乒乓球和羽毛球的参与人数比较可观，分别为 103 人和 97 人，占比为 36.5% 和 34.4%。三大球（足球、篮球、排球）的参与率普遍不高，仅有篮球参与人数超过 50 人，达到 74 人，占比为 26.2%。笔者认为产生此种现象的原因有以下几点：一是足球、排球本身普及度不高且对参与人数也有一定的要求，因此实施起来较为困难；二是目前大部分农村体育场地以篮球场和健身广场为主，没有专门的足球或排球场地，这也导致农民对这两项运动的参与度不高。此外，健身操、广场舞也深受广大农民喜爱，主要因为这些运动开展起来较为方便，相对简单，对参与者的身体素质和场地没有特殊要求，许多中老年妇女在同伴的陪同下积极加入其中，也有部分男性参与其中。另外，太极拳和其他项目参与人数较少，分别为 17 人和 3 人，占比为 6.0% 和 1.1%。总体而言，目前农民参与的体育项目种类还不算多，大多是一些传统项目，未来仍有很大的发展空间。

## （五）农民参与体育锻炼的影响因素分析

调查显示，首先，"没有时间"是影响农民参与体育锻炼的主要因素，选择该选项的有 171 人，占比为 60.6%。但笔者通过调查还发现，一些农民只是将没有时间作为不参与体育锻炼的借口，出现这种现象的原因是他们对体育锻炼的认识不足，因此应通过正确的引导，让农民对体育锻炼形成科学的认识。其次，"缺乏运动技能""缺乏组织"和"缺乏指导"也是影响农民参与体育锻炼的关键因素，分别有 118 人、153 人和 137 人，占比分别为 41.8%、54.3% 和 48.6%。这一数据也从侧面反映出在当前农村公共体育服务中"非物质性"服务供给的缺失。再次，选择"场地和经济限制"因素的人数分别为 61 人和 46 人，占比分别为 21.6% 和 16.3%。这也印证了近年来我国在体育基础设施建设上有了不小的进步。最后，选择"兴趣不足""身体条件不允许"因素的人数较少，且大多是超过 60 岁的老年人群体，分别为 27 人和 37 人，占比分别为 9.6% 和 13.1%。

# 三、农村公共体育服务供需情况分析

## （一）农村公共体育服务的供给情况分析

体育场地设施既是保证体育活动正常开展的物质载体，也是促进农村体育发展、营造农村和谐体育氛围的坚实基础。调查发现，93.3%的农民知道本村有篮球场，91.5%的农民知道本村有乒乓球台，知晓本村有健身广场的人数占75.5%，农村居民对这三项设施的知晓率最高，可能与国家体育总局从2006年开始在全国范围内实施的"农民体育健身工程"有关。单双杠的知晓率紧随其后，占到43.3%；而健身步道和健身房的知晓率相对较低，分别为23.8%和18.1%。笔者在走访中发现这两项数据较低，一方面是因为健身房位于室内，一部分村确实有，但是村民并不知道；另一方面是因为健身步道、健身房投资相对较大，有些村没有建设。总体而言，目前农村体育基础设施建设已经逐渐完善，但在设施多样性上略显不足，仍需进一步改善。

农村公共体育服务除了体育场地设施配备，还包括资金、信息、组织、管理、体质监测、监督评估等服务，这些服务的提供与否决定着农村公共体育服务供给的好坏。调查中发现：

①农村居民有权利知晓本村公共财政的支出情况，这既是农村居民本身应享有的权利，也是促进社会公平公正的体现。调查中有138人表示本村没有公开过体育财政支出情况，占比达到48.9%；还有34.4%的村民表示不清楚。该数据一方面说明当前大部分农村的财政支出情况的透明度较低，另一方面也反映出部分村民自身民主意识欠缺。

②体育法律法规是指引体育事业发展的风向标，对体育工作的开展有着重要的导向作用。调查中发现共有145名村民表示本村并没有普及过与体育相关

的法律法规，这说明与体育相关的政策法规的渗透力度不够，普法工作仅仅浮于表面。

③开展体育活动是激发农民体育锻炼热情、营造农村浓厚体育氛围的关键举措。调查显示，有 206 名农村居民表示本村组织过体育赛事活动，占比超过 70%。这说明近年来农村对于文体事业发展的重视程度逐渐提高，像"送电影下乡""送体育下乡"等活动极大地提高了农村居民参与锻炼的积极性。但笔者在走访中也了解到，大部分农民表示这些活动的开展频率较低，许多农村一年甚至几年才能迎来一次活动，活动的推送力度仍需加强。

④农村居民体质、健康水平与"全民健身"和"健康中国"战略的实施息息相关，农村居民体质测试是准确把握农村居民身体健康水平、管控国民总体健康走向的重要抓手。调查发现，203 名农民表示自己从来没有接受过体质健康测试，占比达 72.0%。由此可以看出，农村基层体质测试仍有待加强。

⑤开展体育健康讲座和体育信息宣传是丰富农村居民体育知识、激发其锻炼热情的动力源。调查显示，233 人表示本村没有开展过与体育相关的知识讲座和信息宣传活动，占比达 82.6%。长此以往，农村居民体育知识储备不足、锻炼技能匮乏，势必会影响到农村公共体育服务的良性运行。

⑥社会体育指导员是指导农村居民参与体育锻炼、连接农村居民与体育治理主体的重要"桥梁"。调查发现，206 名农村居民表示从未接受过社会体育指导员的指导，占比超过了 70%。实际上这也正是目前农村公共体育服务的一大痼疾。近年来，在各地政府和体育局的共同努力下，一些乡镇配备了 1~2 名社会体育指导员。然而笔者在走访中发现大部分农村鲜有专业人员下乡指导的踪迹。此外，社会体育指导员队伍也存在着不合理的地方。不少乡镇的社会体育指导员由该地的体育教师担任，在实际工作中他们往往要顾及自身的教学工作，即便是在工作之余他们也没有足够的时间深入农村基层参与指导，因此基

层社会体育指导员逐渐成为一种虚职。

⑦农村公共体育服务作为惠及广大农民的工程理应受到农民的监督和评估。然而调查发现，有 241 名农民表示没有参与过农村公共体育服务的监督和评估工作，他们表示村里的体育设施或服务大多是在他们不知情的情况下提供的，这也是导致供非所需、供需失调的主要原因。当然，农民自身也有一定的问题，他们思想上的不重视、不关注也是导致供非所需的一大诱因。

## （二）农村公共体育服务的需求情况分析

农民对公共体育服务的需求可以从其对体育的需求程度、对现有各项服务的满意程度以及最希望改善的服务项目中得到反映。调查发现，大部分农民认为他们的生活中还是需要体育锻炼的，这些人占比为 60%左右；而认为体育在他们生活中可有可无的有 99 人，达到了 35.1%；仅有 4.9%的农民对体育锻炼持无所谓的态度。这一结果反映出当前农民的体育需求总体较为旺盛，但仍需加强。

调查发现：

①当前农民对除"场地设施"以外的其他公共体育服务的整体满意度较低，持"不满意"和"一般意见"态度的人数相对较高，达到了 72.7%。笔者认为有以下几点原因：一是当前我国的农村体育场地设施相对完善，不少农村已配备了基础性的健身场地，不会出现无处锻炼的尴尬情形；二是走访中也有村民谈到体育场地设施单一化现象严重，"一刀切"式的供给忽略了农村居民的真实感受，被动地接受是导致他们态度冷漠的重要原因。另外，对于农村而言，天气和季节也是影响农村居民体育锻炼的重要因素。由于目前体育场地大多处于室外，健身设施露天放置，因此寒冷的冬季或雨雪天气都会对农村居民的体育锻炼造成一定程度的影响。

②农民对体育组织管理服务持"不满意"态度的共有 101 人，占比为 35.8%。持"一般"态度的人数达 147 人，占比为 52.1%。一些村民反映，目前农村大部分体育锻炼活动是由本村的一些体育爱好者和村干部组织管理的，而这些组织管理者在生活中也会因为自己的私事不能有规律地组织体育锻炼活动，这也是影响村民参与的一大因素。

③由于目前农村政策法规普及工作进程相对滞后，一些农民没有对体育政策法规形成基本认识，因此对该项服务的满意度相对较低，持不满意意见的人数达到 133 人，占比超过 45%。

④农民对体育技能指导服务的满意度也较低，持"满意"态度的居民仅为 22 人，占比较小。笔者在走访中发现，当前大部分农民对本村或本乡（镇）是否有社会体育指导员这一问题表示"没有"或"不知道"的，占比高达 94.3%。此外，还有相当一部分农民并不知道社会体育指导员是什么，他们在体育锻炼中主要依靠本村的体育活动爱好者来带动。另外，当谈及是否希望有专业人员带领他们参与体育锻炼时，选择"非常希望"和"希望"的人数高达 219 人，占比为 77.7%，仅有 63 人表示"不希望"或"无所谓"。这也说明当前社会体育指导员的配备已经成为影响农民体育锻炼的关键因素。在实地调研的过程中，大部分农民表示在进行体育锻炼时没有接受过专业的社会体育指导员的指导。其实，他们十分愿意接受体育指导员的专业指导，希望通过简单的体育方法、知识和技能的学习，消除自身对于体育的畏惧心理。加强基层社会体育指导员的培养力度，积极向农村基层输送体育人才将会是构建农村公共体育服务治理体系和推动农村体育事业新发展的必由之路。

⑤农民对体育活动开展服务表示满意的人数有 73 人，占比达 25.9%。虽然各村以往都开展过体育活动，但主要问题在于活动开展的频率不高，以及活动形式和内容不够丰富，大部分农村居民表示本村一年或几年才举办一次体育

活动，这极大损害了农村居民参与体育锻炼的积极性和主动性。

⑥在体育信息宣传方面，农民的不满意程度较高，不满意率达到了49.6%。笔者通过研究农民获得体育赛事信息或体育锻炼方法的途径（多选），发现有221人选择通过电视来获取，占比达到78.4%；选择通过手机、电脑的有163人，占比为57.8%。

虽然当前网络化、数字化已经进入人们生活的各个角落，但部分年龄较大的老年人群体似乎对这些技术"并不感冒"，这也是导致这一数据占比并不太高的一个重要原因。也有部分农民通过朋友、邻里或体育爱好者获取体育信息，占比超过了45%；而通过村里宣传栏海报获取信息的人数较少，仅有21人。一方面可能是由于体育在农村生活中并不占据主导地位，大部分农村并未在村宣传栏展示与体育相关的信息；另一方面也反映出农民平时很少关心公告栏的信息。

⑦农民对体质监测服务的满意度也较低，满意率仅为13.1%。而不满意的居民有129人，占比为45.7%。这说明当前农村体质监测服务尚未普及，走访中也有农民反映一般是他们自费去当地医院参加体检，无偿的体质监测几乎没有。

⑧有142名农村居民对监督评估持"一般"态度，占比超过50%。产生这一现象的原因一方面是农村公共体育服务监督评估渠道不通畅，居民难以参与；另一方面是农村居民自身思想意识薄弱，一些农民认为公共体育服务供给与自身无关。

调查发现，当前农民认为最需要完善的农村公共体育服务主要有体育技能指导（83.7%）、体育组织管理（74.1%）、体育活动开展（76.9%）、体质监测（74.8%）、体育信息宣传（68.4%）和体育资金保障（66.7%）。从性质上来看，这些服务以非物质性服务居多。笔者认为，自全国各地实施全民健身工程以来,以场地设施为代表的物质性农村公共体育服务的供给量迅速提升,"十二五""十三五"时期国家更是在农村地区投入了大量的人力、物力、财力,事实证明这些举措也确实改变了农村地区体育落后的面貌。但物质性服务的逐渐完善日益凸显出非物质性服务的缺失,有学者统计,非物质性服务是激发农民参与体育锻炼的内生动力,对农村体育事业发展有着极为重要的作用。因此,当前农民对非物质性服务的渴望也愈发强烈。另外,农村居民对于监督评估和政策法规的需求度较低,分别为36.2%和47.2%。这说明农村居民的主体意识仍然不够强,只有不断满足农民群众对物质性服务与非物质性服务的需求,才能提高他们的主体参与意识。

# 第三节 乡村振兴战略下农村公共体育服务存在的问题及原因分析

## 一、农村公共体育服务存在的问题

虽然我国在提高农村公共体育服务水平的过程中进行了许多有益的尝试,也确实取得了一些令人欣喜的成绩,但就总体情况而言,各地的农村公共体育服务在资源配置、人员配备、方向指引等方面还存在一些问题,主要体现在供给和治理两个层面。

## （一）农村公共体育服务供给层面的问题

### 1.农村公共体育服务的供给总量不足

当前，相较于城市，农村经济社会发展相对滞后，农民参与体育锻炼的意识有待提高，农村公共体育服务的地位还较低。受这些因素的影响，政府等供给主体在进行体育资源分配时都选择性地远离农村，因而导致农村体育资源总量不足，这也成为阻碍农村公共体育服务发展的首要问题。以某县为例，该县的每个建制村平均拥有健身场所 0.30 个、公益性健身场所 1.32 个，平均每 2 438 人拥有 1 个健身场所，人均健身活动场地为 0.26 平方米，远远达不到我国的平均水平。此外，根据国家相关规定，每千人必须至少配有 2 名社会体育指导员。而相关调查显示，国内虽然有部分县能够达到这一标准，但大部分农村地区拥有的社会体育指导员数量还远达不到这一标准。

### 2.农村公共体育服务的供给主体相对单一

随着服务型政府建设的不断深入以及公民自身权利意识的觉醒，群众体育管理体制开始逐渐由政府主导转变为政府与社会力量共管、共治。在该背景下，一种由政府主导、社会多元力量协助的新型现代化治理格局已经愈发为公共服务领域所推崇。但根据实际情况，受传统行政观念和农村基层社会力量薄弱等因素的影响，基层政府在携手社会力量进行治理的过程中还存在着诸多困难，这也阻碍了农村公共体育服务多元共治格局的形成。从农村公共体育服务供给主体构成来看，全国出现了较为严重的两极分化现象。第一类是以东部沿海地区为代表的经济发达城市的农村，如昆山市、张家港市等。有学者调查发现，目前经济发达城市的农村公共体育服务供给主体已基本实现多元化，政府、体育协会团体、农村自治组织、市场企业以及体育积极分子的占比分别为 46.2%、18.5%、13.5%、12.6%、9.2%。虽然政府在供给中仍然占据重要地位，但总体上已经打开了多元共治的局面。第二类是以中西部偏远山区为代表的经济欠发达城市的农村，笔者在走访相关建制村的村干部时发现，大多数村干部谈到本村的公共体育资金、场地设施都依赖政府供给，他们认为资金不足是阻碍本村体育事业发展的最大障碍。另外，这些地区的农村人口多以老年人为主，青壮年劳动力迫于生计大多选择进城打工。虽然部分城市也有一定的乡镇企业和农村小作坊式的工厂，但这些小企业由于自身发展不成熟以及缺乏一定的政策方针的指引，因此很难实现对农村公共体育服务的供给。综上所述，在农村经济、人口、资金、基础建设等多方面条件尚未成熟的情况下，供给主体单一将会是农村公共体育服务发展所面临的一大关键问题。

**3.农村公共体育服务的结构失衡**

结构失衡是当前农村公共体育服务治理中存在的主要问题之一，主要表现为供需结构失衡、供给内容失衡以及区域性配置失衡。

（1）供需结构失衡

目前，农村公共体育服务供给形式仍以政府供给为主，但在一些地方政府的主观导向下，缺乏农村居民需求调查式的供给使得一些地区的农村公共体育服务沦为形象工程。笔者通过走访得知，不少农村居民表示对本村公共体育服务供给内容不知情，也有部分村民表示村里提供的公共体育服务与自身的实际需求并不吻合，这在一定程度上导致农村体育锻炼人数锐减，体育氛围低迷。

（2）供给内容失衡

供给内容失衡主要表现为农村公共体育服务中实物性服务与非实物性服务的供给比例相差较大。自全国各地实施全民健身工程以来，农村体育设施的普及率迅速上升，不少建制村配备了"一场两台"（一个标准篮球场和两个乒乓球台）的基础体育设施。此外，鉴于近年来全民健身计划的深入实施和全国经济发展水平的不断提高，政府投入农村公共体育服务的资金总量也在不断增加。而非实物性的如农村体育信息宣传、体质监测、制度规范等软性建设相对滞后。以体育信息宣传为例,笔者在走访中发现很少有建制村的信息宣传栏上写有与体育锻炼相关的信息,虽然在这个信息爆炸的时代,人们可以通过电视、手机、网络来获取大量信息,但某些农村老年人受教育水平和操作能力的限制,难以接触到电子产品。此外,在极个别农村还发现缺少信息宣传栏的现象,非实物性服务供给的数量还有待增加。

(3)区域性配置失衡

从发展道路上来看,农村公共体育服务应当将"覆盖广泛"作为第一发展方向,效仿金字塔模式,将大量资源投入乡村,在扩大农村公共体育服务覆盖范围的同时,尽可能地满足人们多样化的体育需求,从而保障广大农民的合法体育权益。然而,随着公共体育服务主体多元化和资源配置市场化进程的持续推进,公共体育服务资源开始向城市和发达地区转移,而农村和经济欠发达地区很难有足够的资源来支持公共体育服务的发展。例如,近年来,全国体育社会组织发展态势较好,各地体育社会组织无论是在数量上还是在质量上都有所提高。但从这些组织的位置情况来看,大多是分布在中心市区等经济发达且人口数量较多的地区。依据辐射效应,这些组织能够给距离较近且生活水平较高的城市居民提供帮助,而对距离较远且分布不均的农村居民而言,这些组织很难给他们带来实质性的帮助。虽然近年来各地政府、体育部门已经意识到这一问题,开始大力发展乡镇基层体育社会组织,但就目前的情况而言,这些基层体育社会组织没有完全承担起治理农村公共体育服务的职责,农村体育发展滞后的窘境并没有从根本上有所改变,这在损害部分农村居民体育权益的同时也阻碍了农村公共体育服务均等化原则的落实。

## （二）农村公共体育服务治理层面的问题

### 1.农村公共体育服务治理制度覆盖范围有限

完善的治理制度是保证农村公共体育服务治理主体结构有效运转，并发挥其功能的基础。农村公共体育服务治理在迈向现代化的进程中必须搭建好层次多样、相互关联的制度框架，从而确保治理工作的有序开展。然而，在实践中，农村公共体育服务治理的制度建设还存在着诸多方面的不足，主要体现为以下几个方面：

第一，不够规范化、精细化。众所周知，农村公共体育服务治理是针对农村这一特定的地区所实施的具体建设改善行为。然而，要在理论指导下开展实践，必须先深入分析研究理论、总结经验、完善制度，只有这样，才能建设好农村公共体育服务治理制度。但目前的有关农村公共体育服务治理的制度文件仍然不够规范化、精细化。一方面，制度文件用以对本区域内体育事业的发展进行指导，但我国的体育政府机构往往只能延伸至区（县）一级，乡镇一级未设专门的体育管理部门，大多是以文体站的形式存在，而"重文轻体""重教轻体"思想的存在和农村居民体育参与意识的薄弱无疑更加阻碍了基层体育事业的发展。大多数镇、村一级并没有针对本区域农村的实际情况出台具体的、地方性的农村公共体育服务治理文件，在上级文件难以辐射到农村的情况下，大部分地区基本上仍采用一种"附带性"的、盲目性的治理形式或根据上级意见开展形式化治理。另一方面，从内容上看，制度文件中的表述相对宽泛，难以对负责农村体育工作的人员起到约束作用。在农村体育指导员数量本身就不充足，大多数指导员还是由体育教师、体育爱好者担任的情况下，极少有人愿意参与指导农民健身的活动。因此，一些文件中的表述也难以对负责农村体育工作的人员起到约束作用。这种缺乏严谨性的表述也使得大多数农村几乎一年甚至好几年都没有举办过体育赛事活动，极大地影响了农村体育事业的发展。

第二，协同共治制度不完善。一方面，由于长期以来受到传统科层制行政管理模式的影响，政府内部被条块化分割，各部门间互不干涉、职权清晰。而农村公共体育服务是涉及农业、城建、民政、维稳等多部门的一项公共事务，政府内部"碎片化"的状态在给治理工作开展带来困难的同时，也极易使实施者对该项工作产生抵触、厌烦的情绪。而政府内部也并未出台专门规章制度用以联合不同部门开展农村公共体育服务工作，这也使得农村公共体育服务治理效率低下，治理成果不容乐观。另一方面，为减轻政府压力，形成多元共治局面，政府必须拉拢社会力量参与其中。然而，相对于成熟的社会力量和公共体育服务多元共治体系而言，目前，大多数基层的企业和体育协会发育尚不成熟，且政府与社会力量之间也未形成一套成熟、完善的共治模式。大多数乡镇政府与社会力量在农村公共体育服务治理的责任分配上缺少明确的制度性条文规定，协同共治缺乏文件指引。

第三，法律监督制度不规范。依法治体既是农村公共体育服务治理走向现代化的重要目标和途径，也是提高农村公共体育服务治理能力和水平、实现社会公平的有力保障。然而，受全能型政府的影响，基层政府、体育局以及相关部门几乎参与了农村公共体育服务治理的全部工作，它们既是农村公共体育服务的治理者，同时也是监管者。原本应该履行监督职责的部门或机构多与治理方同属政府单位或存在着"共同利益"，而独立于政府外的媒体、公众等监督主体由于缺乏畅通的信息监督渠道，再加上并没有相关的法律制度能够追究治理中不规范行为的责任，使得现阶段农村公共体育服务治理的监督工作流于形式，严重阻碍了农村体育事业的进一步发展。

## 2.农村公共体育服务治理手段缺乏创新性

在传统社会管理背景下，体育治理手段存在着行政手段无处不在、经济手段简单粗放、法律手段普遍滞后等问题。而农村公共体育服务治理在我国体育治理工作中也通常处于边缘位置，因此，在治理手段上也存在上述诸多问题。当前，农村公共体育服务治理的手段较为僵化、单一，各级体育行政部门在使用行政手段时几乎形成了一种惯性思维，主要表现为上级政府为推动农村地区体育事业的发展，通常会颁布一系列的政策、文件等，而下级政府则通常根据上级政府文件中的精神指示，并结合本地区经济发展水平和人民体育偏好的实际情况制定带有地方性标准的指导文件，最后由乡镇政府根据上级政府文件中的要求对所辖区域内的农村进行治理。诚然，在这种行政手段的加持下，上下级政府之间能够密切配合，极大地提高工作效率，迅速落实各项方针政策，在短期内能够迅速改变农村体育事业的落后面貌，起到"治标"的作用，但这绝非万能之策。从长远来看，这种单一的行政手段不仅容易导致政府内部各部门之间互相推诿，政策效果逐层递减，而且容易形成权力不断上移的现象，从而使下级政府有职无权，只能被动地接受上级指示，对上级产生依赖，进而使治理缺乏积极性、主动性和创新性。因此，在农村公共体育服务治理单一的情况下，"治本"目标的实现任重而道远。

3.农村公共体育服务治理机制运行不畅

自上而下的纵向层级化运行机制是科层制行政管理体制的一大突出特点，农村公共体育服务治理也不例外，在该机制下，政府部门是唯一的管理者，其通过严密且庞杂的科层组织结构和规范有序的行政管理方式在封闭的运行管道内单向度地行使权力。而新时代农村公共体育服务在走向现代化、谋求新发展的过程中需要建立新的横向网络化协同机制。在新机制下，政府与社会力量拥有平等的治理责任，在共享治理信息、资源的基础上，通过合作、协商、互动的方式建立跨组织、跨部门的共同秩序。但从实践上看，固化的纵向层级化运行机制和横向网络化协同机制相互排斥、相互冲突，使得农村公共体育服务在实际治理过程中出现了一系列问题，如信息碎片化和部门条块化现象严重、人力资源投入过大、服务供给不全面等。一方面，政府与外部社会之间所呈现出的分裂状态使得农村公共体育服务治理存在着严重的信息资源碎片化和不对称现象。而政府内部各部门间的条块化分割又在无形中导致体育行政部门同地方政府在治理工作上职责不清、权责不明，使得农村公共体育服务治理成本大大提高的同时，质量和效果却难以达到理想水平。另一方面，在长期的一元行政管理模式下，农村公共体育服务治理以政府为中心，并围绕其建立了一整套的工作体制和运作机制，而在由高度集权向多元共治的转变过程中，政府、市场、社会组织不仅主体地位尚未明确，也并未建立相应的治理和运作机制，政府与市场、社会组织间平等互助的协作关系尚未形成。

## 二、农村公共体育服务存在问题的原因分析

### （一）城乡二元结构体制的影响

在计划经济时期，资源的紧缺使得国家以城乡户籍制度为核心构建了一系列城乡有别的发展制度，城乡二元结构体制正是在这一时代背景下产生的。多年来，城市依靠这一体制优势在教育、就业、住房、体育等公共服务领域都享受着更多的资源，这也是城市与农村的公共体育服务发展不均衡的根源。改革开放后，市场经济的出现极大地提高了我国的经济社会发展水平，但农村公共体育服务发展依然受到城乡二元社会结构体制的影响。

城乡二元结构体制一方面带来的是城市与农村经济发展上的差距。据统计，2020 年，我国人均国内生产总值为 7 2447 元，人均可支配收入为 32 189 元。其中，城镇居民人均可支配收入为 43 834 元，农村居民人均可支配收入为

17 131 元，城镇居民约是农村居民的 2.56 倍。农村公共体育服务虽是面向广大农民群众且带有公益性质的服务，但从多元治理主体的构建和提高服务层次与质量的角度来看，其对人的经济基础又有着一定的要求，而对经济收入较低的农村居民群体而言，让其投资支持农村公共体育服务发展则更为困难。另一方面，二元结构体制也使得政府等治理主体对农村公共体育服务发展的资源投入存在着明显的偏向性。城乡二元结构体制所带来的公共体育资源偏向化供给是农村公共体育服务发展滞后的重要原因。此外，在体育财政资金的分配上也存在着明显的城乡差异。在城市偏向型公共体育服务供给环境下，城市地区公共体育服务发展不仅能够依靠政府给予的雄厚的公共财政资金，而且能够依靠较为成熟的市场和社会环境，加速形成公共体育服务多元共治格局。反观农村地区，公共体育服务发展既没有强大的外部力量提供资金上的支持，也不能由政府包揽所有公共体育服务所需的资金。目前，"村民集资""一事一议""自给自足"的供给模式仍为广大农村所采用，这也可能导致城乡公共体育服务发展差距进一步扩大。

## （二）户籍制度的影响

推动农村地区加速形成持续、高效、系统、完善的公共体育服务供给机制，不仅是缩小我国城乡之间公共体育服务差距的重要一步，也是活跃乡村体育氛围、建设社会主义新农村的关键之举。政府作为公共体育服务的供给主体，其所做的每一项决定都会对供给结果产生重要影响。当前，我国农村公共体育服务主要表现出供给动力不足、方式单一、效率低下等问题。从"按需供给"的角度来讲，满足农民的体育需求不仅能使农民形成主动参与体育锻炼的意识，而且对整个供给事业来说也是一种莫大的帮助。农民作为体育锻炼的主体，其不愿意主动参与体育锻炼的原因可以分成内、外两个部分，外因通常与供给问题直接相关，内因往往与意识、文化相关。体育需求是指人们因生理或社会原因而产生从事体育活动的愿望和要求。

根据马斯洛的需要层次理论，体育需要属于一种高层次的需要，其只有在基本的生理需要、安全需要得到满足后才会产生。那么是否可以这样理解：当前我国农民参与体育锻炼的积极性不高与其基本需要没有得到满足有关。笔者认为，这种理解并不全对，也并不全错。一方面，党和国家出台了一系列的文件来实现资源向农村地区的倾斜，该背景下大多数农民已经基本实现了"吃喝不愁、穿衣有料、住有所居"的目标，再加上国家为了照顾农村居民所推出的种地补贴等措施，可以说绝大多数农民的基本需求已经得到满足。另一方面，我们也必须清醒地认识到，虽然大部分农民已经基本解决了温饱问题，但仍有部分地区的农民在为解决温饱问题而斗争。当前全民健身战略深化、落实的短板都在农村基层，那么是何缘由导致城市与农村间的发展差距如此之大？有不少学者和农民都认为经济收入是其中之一，但通常经济又与政策、制度有着千丝万缕的联系。因此，要研究当前农村体育事业发展的现状，单纯地谈论经济原因并没有太大的参考价值，从政策、制度上入手才能找到问题的症结所在。

虽然从需求的角度来讲，城市居民和大部分农村居民一样，基本的需求都得到了满足，但是仔细分析可以看出这种满足的程度是不一样的，尤其体现在因政策而导致的经济收入的差距上。以老人这个体育参与主体为例，当前城市退休老人参与体育锻炼的人数远超农村，对其经济收入进行研究后发现，城市退休老人每个月可以依靠社会保险领到养老金，而农村老人却只能依靠低额的农保过活，虽然当前农民也可以缴纳社保，获得养老金，但城市居民可以由个人和单位共同承担缴纳任务，农民则需自己全额缴纳，再加上农村收入水平相对较低，使得大多数农民根本承担不起社会保险的负担。因此可以发现，当前农村老人的基本需求还远没有得到满足，所以其自然无心去从事体育锻炼。其实，单纯地认为经济收入影响农民的体育参与度是不准确的，因为退休老人这个群体的经济收入主要来自社保，与社会福利有着直接的联系，故研究的矛头也就由经济收入转向了社保和社会福利。

从源头上来说，社保及社会福利问题是由户籍制度产生的，而户籍制度又是由城乡二元结构体制所产生的。新中国成立之初，我们虽然实现了民族独立、人民解放，但是贫穷和落后的阴影依然笼罩着这个新生国家。经过战争的洗礼，党和国家领导人深刻地意识到发展农业既不能救国，也不能强国。因此，如何实现由经济落后的农业大国向经济发达的工业大国转变就成了社会主义新中国所面临的主要问题。由于我国自古以来就是一个农业大国，所以只能从农业中获取工业化所需的资本积累，"以农养工"的发展模式就这样被确立了下来。正如美国经济学家迈克尔·利普顿（Michael Lipton）在"城市偏向理论"中所讲的那样，在该模式下，国家引导农业农村农民全力支持城市和工业的发展，大量的人力、财力资源都集中到了城市，再加上国家政策对城市地区的高度偏向（如高积累政策、户籍制度、工农产品价格剪刀差），使得城市在各方面发展都远超农村。其中最突出的当属实行户籍制度来控制农村人口向城市流动，这无疑是在城乡之间划出了一条界线，在这样明显的城乡二元经济社会结构下，损害的自然是农民的利益。

综上，可以认为我国城乡公共体育服务的发展差距是国家在城市化进程中所采取的一系列措施所导致的。虽说在城市化进程中城市必须依靠相对优异的条件来吸纳各种资源以推动城市发展，但是加速城市发展绝不意味着主张城市偏向，这种完全以城市为中心而忽视农村发展中出现的各种问题的做法是不可取的，甚至在某种程度上是反城市化的表现。因此可以说，只有从思想上改变这种带有偏向性的发展模式，打破城乡之间的制度壁垒，才能真正实现城乡融合发展。

### （三）社会力量相对薄弱

政府与社会力量多元结合是现代化社会治理所倡导的方式，政府与社会力量中的企业、社会组织共同构成了现代社会资源配置的三大支柱。当前，诸多学者都主张在公共服务治理中打造多元主体共治格局，即形成"政府＋"的格局。从社会力量的组成上来看，任何有利于农村公共体育服务发展的组织、团体或个人都能成为治理的主体，这也就意味着不仅企业、社会组织参与农村公共体育服务治理，村委会、乡村精英、农民自身也能够参与其中。但从实践上来看，除少数经济发达地区的农村，大部分地区农村公共体育服务治理主体中的社会力量仍相对薄弱。

首先，市场中企业的薄弱之处主要体现在乡镇政府与乡镇和农村中小企业的关系上。一方面，一些乡镇政府官员由于受到自身政绩和 GDP 量化考核等因素的影响，往往十分注重经济发展，因此政府扶持这些中小企业发展的首要目的就在于发展当地经济，而非促进农村社会公共服务的发展；另一方面，乡镇、农村的中小企业本身在规模、盈利水平上就不占优势，在市场逐利需求未得到满足且政府不给予适当的优惠政策、条件的情况下，希望其投身于农村公共体育服务治理中无疑是不可行的。

其次，社会组织中的体育社会组织是农村体育治理工作的主导力量，其非营利性、志愿性、自治性的特点能够在政府与市场无暇顾及和无法触及的领域发挥出自身的功效。虽然近年来全民健身氛围日渐浓厚，体育社会组织数量不断增加，但直接面向农村指导基层体育事业发展的体育社会组织数量仍然有限，多数地区基层体育公共部门发展并不健全，政府重视程度不够，体育社会组织发育不成熟，只有少数具备承接政府购买服务的资格和能力。

再次，村民委员会作为基层群众性自治组织，在实际工作中能够很好地根据农民需求调整工作的方向和重点。但由于其工作长期受到基层政府的指导，因此逐渐向"半官方化"方向发展。而且体育在农村社会建设工作中的治理序列本身就相对靠后，村委会容易受到人员、资金等方面的制约，因此其对农村公共体育服务的发展的影响仍不乐观。

最后，乡村精英、农民个人参与农村公共体育服务治理所受到的限制因素相对较多，体育意识、文化教育水平、经济收入等因素都是影响其参与治理的关键因素，这些主体的不稳定性也是影响农村公共体育服务治理成效的重要因素。

### （四）传统体育行政管理的弊端

体育行政管理是社会管理背景下体育行政部门处理体育工作最为常用的一种模式。在该模式下，体育行政部门包揽一切工作，与社会力量呈现出"强政府、弱社会"的不平衡、不协调关系。近年来，我国积极推动服务型政府建设，在深化政府行政管理体制改革、提高公共服务发展水平等方面取得了显著的成效。但从农村公共体育服务治理的实际情况来看，传统行政管理的弊端似乎依然存在。

一方面，乡镇政府处于我国政府行政层级末端的事实使得其职能转变的速度相对较慢，传统管制型行政模式的遗留导致农村公共体育服务在发展速度、数量、质量上与城市仍有较大差距；另一方面，促进乡镇、农村经济发展是乡镇政府工作的重中之重，农村公共体育服务作为公共服务中的一种，其在传统政府行政背景下既不能带来明显的经济效益，也不能迅速改变农村相对贫困落后的面貌，因此往往也是被忽视的那部分，由以经济发展为中心转向关注公共服务发展仍有很长一段路要走。从内容上来看，传统体育行政管理的弊端首先体现在其包办式的工作模式上。在该模式下，体育行政部门既是"运动员"，又是"裁判员"，通过"管办合一"的方式将农村公共体育服务治理权牢牢地掌握在手中，阻碍了市场化、社会化进程。部门内部情况也不容乐观，条块化分割使得原本需要多部门联合治理的工作开展得极为困难，各部门在慎用权力的同时也怕损害到自身的利益。从理念上来看，该模式以管控、管制、管理为主，强调社会秩序的维护，而非人民生活满意度的提高，社会力量几乎没有参与权，公民自身也缺乏自治权。从方式上来看，该模式通过科层制管理方式，借助强大的行政手段，自上而下单向度地运用治理权力，在这种模式下，公共体育资源配置不是以受益方的需求为导向的，而是成为某些部门获取利益的手段。

# 第五章　乡村振兴战略下农村公共体育
服务的治理路径——保障体系建设

## 第一节　农村公共体育服务政策
法规保障体系建设

公共体育服务是满足人民基本体育需求的重要途径，在增强人民体质、丰富人民生活、推动社会主义和谐社会构建等方面具有非常重要的意义。公共体育服务政策是推动我国公共体育服务发展，更好地实现公共体育服务社会化和均等化的重要支撑。在实现乡村振兴的过程中，更要注重农村公共体育服务政策法规体系建设，为农村公共体育服务治理现代化提供政策支撑。

### 一、我国农村公共体育服务政策法规保障的困境

我国公共体育服务的法规保障体系虽然已经初步建成，但仍没有达到一定的成熟度，不够完整、科学、规范，还需进一步改进，需要重点关注和解决一些突出的瓶颈性问题，并重点关注农村地区的公共体育服务。我国在构建农村公共体育服务法规保障体系的过程中存在的主要问题有：《中华人民共和国体育法》中的某些规定滞后，没有全面且系统地规范和调整农村公共体育服务的

发展，对农村公共体育服务实践缺乏指导意义。此外，体育领域关于农村公共体育服务的立法层次较低，基本上是由国务院、国家体育总局等中央层面出台与农村公共体育服务相关的规章和制度，没有明确的处罚义务履行不当的责任主体的措施，刚性约束缺乏，缺乏对农村公共体育服务的责任主体的严格监督。各层次的法律和政策缺乏明确的配套措施和实施计划。即使出台相关体育发展计划也缺乏长效机制。目前，除了全民健身计划（2011—2015 年），其他体育政策规划的系统性和延续性都比较弱。

我国农村公共体育服务政策保障体系不完善的原因有三点：一是农村公共体育服务理念不明确，二是农村公共体育服务的管理体制不完善，三是缺乏有关农村公共体育服务的法律体系。农村公共体育服务政策法规保障体系的构建是一个系统工程，需要不断建立和完善相关的法律法规，认真调查研究，科学制定，明确职责，形成联动机制；需要各级体育行政部门灵活转换角色，树立服务型政府和法治政府的理念，科学定位，正确引导，形成全社会办体育的局面；在行政执法上，政府各部门应密切配合，准确定位，严格执行上级政策，保护守法者，处罚违法者，创建和谐的体育环境，满足人民群众日益增长的体育需求；公开透明，加强监督，体现公平公正。作为公共体育服务的一部分，竞技体育和社会体育的发展都需要一个和谐的社会环境，这离不开社会各界和政府的努力与合作。

具体来说，我国农村公共体育服务政策法规保障的困境与问题主要表现在以下几个方面。

## （一）农村公共体育服务政策体系不够完善

现阶段，我国农村公共体育服务政策体系不够完善主要表现在两个方面：农村公共体育服务政策本身不够完善和配套政策不够完善。目前，我国多是在其他体育政策和公共服务政策之中阐述农村公共体育服务政策，没有形成独立的农村公共体育服务政策体系，而且其他政策中包含的政策只是简单阐释了农村公共体育服务，缺乏具体的目标、指导思想、实施安排等内容。相关配套政策的支持是我国农村公共体育服务政策目标顺利实现的保障，但我国在这方面的政策并不完善，不管是农村公共体育服务财政政策，还是供给政策、管理政策等都比较缺乏。

农村公共体育服务政策体系的不完善给农村公共体育服务的发展带来了负面影响，主要表现在以下几个方面：

首先，影响我国从整体上规划农村公共体育服务，使其一旦出现问题不能快速解决。其次，难以体现政策之间相互配合、相互支撑的价值，难以发挥政策的整体功能。最后，难以实现政策的自我维持效应，政策容易受到其他方面的影响，稳定性较差。

### （二）缺乏健全的农村公共体育服务政策执行机制

我国目前缺乏健全的农村公共体育服务政策执行机制，执行机制的不健全主要体现在以下两个方面。

#### 1.传播机制不健全

在农村公共体育服务政策的执行中，如果宣传不到位，就会导致农民不了解农村公共体育服务政策及其要实现的目标，不清楚农村公共体育服务政策能给自己带来的价值，这样他们就无法高度认同农村公共体育服务政策，不愿积极配合。

#### 2.执行监督机制不健全

执行监督机制不健全主要表现在两个方面。第一，政策执行主体没有建立政策执行监督机构；第二，在农村公共体育服务政策执行的监督中，缺乏媒体和大众的参与。因为缺乏内外部监督机制，所以政策敷衍、政策替换、政策照搬等问题在政策执行中普遍存在，我国农村公共体育服务政策目标的实现也会受到影响，政策执行效率大大降低。

农村公共体育服务政策执行监督机制不健全会产生以下问题：

第一，执行主体"官僚偏好"严重。

在农村公共体育服务政策执行过程中，有时会存在执行主体"官僚偏好"问题，即依据执行主体的喜好来判断政策是否得到了执行，是认真执行还是敷衍执行，"选择性执行、敷衍性执行"的行为较为常见。比如，"到2025年，全民健身公共服务体系更加完善，人民群众体育健身更加便利，健身热情进一步提高，各运动项目参与人数持续提升，经常参加体育锻炼人数比例达到38.5%，县（市、区）、乡镇（街道）、建制村（社区）三级公共健身设施和社区15分钟健身圈实现全覆盖"是《全民健身计划（2021—2025年）》的主要发展目标，一些地方体育部门在执行时，倾向于组织"看得见"的大型群众体育活动和竞赛，积极修建大型体育场地设施，而很少组织群众喜闻乐见的群体活动和修建小型体育设施。一些执行主体认为，大型群体活动和大型体育场馆既容易被领导看见，也容易被群众看见，对自身政绩有很大帮助。正因为有这样的"官僚偏好"，所以有些执行主体有选择性地执行一些政策。

我国有些全民健身运动会或竞赛活动会有专业运动员参与其中，而且体育院校的学生有时也会被邀请参加群众健身性质的竞赛（如农民运动会），这从侧面反映出执行主体"官僚偏好"的问题在我国农村公共体育政策执行中是存在的。

农村公共体育服务政策执行的效果受执行主体对政策的认识水平和认同程度的直接影响。如果体育行政部门的第一负责人认为体育工作有意义，也希望自己在体育工作中做出成绩，那么执行主体会以现有的农村公共体育服务政策为依据创造性地组织相关部门对农村公共体育服务政策加以执行；如果认为没有必要，且不追求这方面的政绩，那么执行主体在执行过程中就会敷衍了事，不予重视。因此，在农村公共体育服务政策执行工作的开展中，执行主体的体育观念和体育态度十分关键，如果执行主体更多地关心"全民健身"，那么将有利于工作的开展和良好工作效果的取得。而在现有制度中，由于缺乏对执行主体的有效监督和考核机制，因此农村公共体育服务政策的有效执行受到了严重制约。

第二，执行客体不满意政策执行结果。

体育文化的生长点由人类对体育活动的文化诉求决定。人类的需求总是从最基本的生存需求开始的，当人的生存需求得到满足后，其就会追求更高层次的享受和发展的需要。近年来，我国农村居民生活水平不断提高，并且越来越关注自身发展，他们在发展性和享受性方面的消费不断增加。

但是，农民日益增长的健身需求与政府公共体育服务之间存在着突出的矛盾，由于农村公共体育服务供给主体单一，供给主体缺乏主动的作为，因此群众的需求得不到满足。通过调查农民群众对政府组织的健身活动的满意度后了解到，非常满意的群众占1.2%，比较满意的占10.2%，基本满意的占31.4%，分别有38.2%、19.0%的人表示不太满意和很不满意。

虽然一些民众对农村公共体育服务不满意，但他们无法通过有效的途径向执行主体提出自己的诉求。一些体育行政部门执行主体热衷于开展大型群体活动、修建大型体育场馆、发展竞技体育，也在一定程度上使群众对公共体育服务政策执行结果的不满意度提升。

第三，执行资源存在浪费与短缺的问题。

通过梳理我国农村公共体育服务政策执行资源发现，这些资源存在浪费与短缺的问题，具体表现如下：

首先，总体来说，我国农村公共体育场地设施较为缺乏，一些体育场地利用率不高。通过访谈发现，很多农民认为自己周围的健身设施匮乏。我国体育场地面积、人均体育场地面积都没有达到应有的水平。现有的公共体育设施难以使农民快速增长的体育健身需求得到满足，同时我国农村公共体育服务不仅供给不足，而且布局也不太合理，区域之间发展不平衡，差异明显。并且现有的设施没有得到充分利用，一些大型体育场馆和学校体育场馆没有积极向农民开放。

其次，在农村公共体育服务上的财政投入结构不合理。国家曾明确提出，要把全民健身事业，特别是公共体育设施建设纳入当地国民经济和社会发展规划，把全民健身经费纳入当地财政预算，把全民健身工作纳入当地政府工作报告。可实际的调查结果显示，一些地方政府对农村体育事业的经费投入较少，而且资金在进行第二次分配时又偏向于竞技体育，在公共体育服务资源上的投入较少，且结构也不合理，难以满足农村居民的健身需求。

最后，我国农村公共体育服务政策在执行过程中的人力资源明显不足，不仅政府体育部门的人员不足，而且从事群众体育的工作人员也比较少，这就导致了政策执行主体心有余而力不足，无法将公共体育服务政策的全部目标和任务考虑到。此外，在社会体育指导员培训中，体育行政部门的人员居多，这部分人员对社会体育的指导率不高，因而浪费了资源。

### 3.相应的政策执行评估指标体系尚未建立

检验农村公共体育服务政策执行效果的重要途径是进行政策执行评估，建立相应的指标体系是开展农村公共体育服务政策执行评估工作的基础。目前我国农村公共体育服务政策执行评估还停留在非正式的形式上，主要通过总结、表彰会等方式来对政策执行过程中的问题进行探讨，没有真正建立规范的评估体系。

之所以说我国还未建立相应的政策执行评估指标体系，主要体现在以下两个方面：

第一，还未形成公共体育服务政策执行的评估指标（一级指标、二级指标、三级指标），相应标准还未确立。

第二，公共体育服务政策执行的评估计划还未制订，评估目的不明确，评估周期不确定，评估信息的收集和加工及评估结果的形成、反馈和应用等方面的问题都有待解决。

因为我国尚未建立农村公共体育服务政策执行评估指标体系，所以在政策执行评估时面临以下几方面的问题：

首先，缺乏明确的标准，不知道该从什么角度来评估我国农村公共体育服务政策的执行情况，难以判断政策执行目标的实现程度。

其次，缺乏程序指引，不知道该用什么手段、通过什么步骤来完成评估工作，通常是不同地方有不同的评估流程，这也使得评估结果无法进行比较。

最后，评估主体不明确，一般来说政府部门是我国农村公共体育服务政策执行评估的主体，但它们同时也是政策执行主体，所以评估结果不够客观。

## 二、我国农村公共体育服务政策保障体系的未来发展与建设对策

上面分析了我国农村公共体育服务政策法规保障的困境，针对这些情况，我们提出了推动农村公共体育服务政策保障体系持续发展与科学建设的对策和建议，从而为我国农村公共体育服务政策在未来的进一步发展和完善提供了有益的指导。

## （一）加强对公共体育服务政策的科学制定与选择

### 1.完善体育经济政策，拓宽农村公共体育服务的经费来源渠道

从理论上来讲，农村公共体育服务的经费来源于公共财政，但在现实生活中，农村公共体育服务的财政保障或经费支持力度较弱。所以，一定要以政策规定的形式强化政府财政保障，切实做到有章可循、有据可查。我国农村公共体育发展的现状表明，虽然农村公共体育服务是民生问题，但不是具体的生存问题，而是发展问题，如果政策规定不明确，就难以保证政府的财政会被投入公共体育服务事业中。要实现基本公共服务均等化，前提就是要实现财政的均等化。所以，要制定基本的农村公共体育服务财政保障政策，财政实力提高了，政府能够给予的公共体育服务的经费才会同步提高。

目前，我国农村公共体育服务体系中供给相对落后的主要原因是政府财政投入不足。针对这一问题，政府要创新农村公共体育服务供给模式，建立有效的投融资经济体制。只有社会各界全面参与投融资，加大体育资源投入力度，改善体育公共场地设施条件，解决农村公共体育服务供给问题，才能使农民的基本体育需求得到满足。而要做到这点，就要从以下几个方面着手：

①转变观念，增加财政投入。

为了更好地向农村居民提供公共体育服务，政府需要从以下几方面努力：

第一，制定以满足农民体育需求为出发点的相关政策，保障农民依法享有公共体育服务的权利。

第二，增加体育公共场地设施。

第三，加快体育信息系统建设，满足公民的信息需求。

第四，做好农民体质监测工作，为农民提供科学的公共体育服务指导。

要想做好以上工作，政府就要积极转变观念，在公共体育服务领域加大财

政投入力度，合理制订财政投入计划，并科学实施计划。

②强化地方政府和相关部门在农村公共体育服务供给中的主导意识。

要想保障农村公共体育服务工作的顺利进行，就要建立科学、有效的调节制度，以此来对各级政府的财政关系进行调节，以不同地区自身经济发展水平为依据来调节财政资源，使各地区基本有能力提供相对公平的公共体育服务，使发达地区与欠发达地区的农村居民都能享受到公共体育服务。

**2.制定促进农村公共体育服务发展的优惠政策**

改革开放以来，党和政府对文化事业十分重视，陆续出台了一系列推动其发展的经济保障政策。例如，《国务院关于进一步完善文化经济政策的若干规定》《关于进一步支持文化事业发展的若干经济政策》等文件明确规定了征收文化事业建设费、实行税收优惠政策、增加对文化事业的财政投入、建立健全专项资金管理制度、鼓励对文化事业的捐赠等，并要求各级政府加大财税支持力度，逐渐修正和完善现有的经济政策。

作为文化事业的重要组成部分，体育理应享受文化政策中的相关优惠待遇，所以我国可以参照公共文化事业发展的相关政策来发展公共体育服务事业。在参照过程中，不仅要制定公共体育服务绩效评估政策、体育志愿者公共服务政策等新的公共体育服务政策，还要调整和完善现行的各项体育经济政策。例如，在制定公共体育服务税收优惠政策时，可以借鉴文化事业发展政策中"非营利性的公益组织或国家机关对宣传文化事业的公益性捐赠，经税务机关审核后，纳税人缴纳企业所得税时，在其年度应纳税所得额 10%以内的部分，可在计算应纳税所得额时予以扣除；纳税人缴纳个人所得税时，捐赠额未超过纳税人申报的应纳税所得额 30%的部分，可从其应纳税所得额中扣除"这一详细政策。

向农民提供基本公共体育服务是政府在发展农村公共体育事业中的主要

责任，在履行这一责任的基础上，政府应创新公共体育服务发展思路，制定与社会组织或企业合办、联办的相关政策，积极引入各类社会资本，发展民间公共体育服务组织，使各类组织共同发挥作用，以使民众的需要得到满足。此外，有关部门要对辖区内的各种体育资源进行充分整合，最大限度地加以利用，促进优势互补、资源共享的利益联合体的形成。

### 3.创新政府与市场相结合的政策

我国农民的公共体育需求正随着社会经济的迅速发展而不断增加，面对这一情况，政府独立提供公共体育服务已经很难使农村居民多样化的体育需求得到满足。此时，政府可以通过市场化手段来对公共体育服务的供给进行创新，即政府施行"购买服务"的方式，通过出租或者合作经营的形式，由政府出钱委托企业、非营利性组织等为农民提供公共体育服务，使这些企业、组织成为公共体育服务的承接主体。例如，政府出资购买学校体育馆的服务权后，与社会健身俱乐部签订协议，让俱乐部成为体育馆的服务提供者，而政府只承担监督、管理职能。另外，政府还可以转变思维，对服务提供者给予政策优惠，如银行贷款优惠，一定时期内少税、免税优惠，特殊时期财政经济补贴优惠等，以此来吸引更多的社会组织加入其中，从而增加农村公共体育服务总量，将更多、更丰富的公共体育服务提供给农村居民，让全体农民享受到更好的公共体育服务。

提供者和生产者相分离是公共体育服务的主要特点，由于政府部门能力有限，所以在公共体育服务供给过程中，政府不可能既当提供者又当生产者。政府购买公共体育服务是一种新型的公共体育服务供给方式，最大限度地提高了政府和市场的效率。与市场相结合的购买服务所取得的效果很明显，它以合同的形式将政府与市场紧密地联系在了一起，既有利于政府行政职能的民主化发展，又能够推动市场经济最大限度地发展。

目前，我国市场经济发展逐渐趋于成熟，市场主体类型十分丰富，这就为农村公共体育服务生产模式的转变（由政府主导的单一模式转变为多元主体共同合作的模式）提供了良好契机，这样一来，政府在农村公共体育服务中的角色定位也发生了相应的转变。作为农村公共体育服务的提供者、规则的制定者和监管者，政府不一定要充当生产者和具体的操作者的角色。只有将职能定位明确下来，才能最大化地发挥市场的作用，促进农村公共体育服务质量的提高和体系的完善。同时，这对政府权力的过度扩张也有一定的抑制作用。

## （二）优化农村公共体育服务政策执行主体

优化农村公共体育服务政策执行主体需要从以下两个方面来进行。

### 1.理顺相关关系

将农村公共体育服务政策执行过程中不同主体的权利和义务关系弄清楚，明确中央政府和地方各级政府之间的职权关系，对不同执行主体之间的关系原则、职责权限的划分原则、各级政府的职权范围、职权划分的手段和程序都要做出明确规定，避免在农村公共体育服务政策执行中出现不同主体相互推诿的现象。

有些执行主体素质偏低，执行能力较弱，因此应对其进行职业培训，采用定期面授、函授、参观学习等方式使执行者对我国农村公共体育服务政策执行的不同环境有所了解，促进其提高政策执行能力。

### 2.适当扩大执行主体的范围

农村公共体育服务政策执行主体的范围可适当扩大，可以由体育社团或非政府组织来执行一些政策，实现政府的公共权力逐渐向公民社会转移。此外，需完善竞争机制，激发执行主体的责任心，使其不断提高执行效率。

## （三）在农村公共体育服务政策执行中加强利益整合

在社会转型期，农村公共体育服务政策执行的环境比较复杂，因此必须在政策执行的过程中整合不同群体的利益诉求。具体可以从以下几个方面入手。

### 1.整合竞技体育与群众公共体育服务利益

改变"重竞技公共体育服务政策执行、轻群众公共体育服务政策执行"的现状，通过充分执行公共体育服务政策来实现竞技体育和群众体育的和谐发展。

### 2.整合个人主体和国家主体的利益

当前，我国公共体育服务政策对国家主体的利益考虑得较多，如在公共体育服务产业化发展中对投资人的利益保护不够等，所以在政策执行过程中需重点关注和处理这些问题。

### 3.整合不同区域公共体育服务利益

现阶段，我国地区之间存在着明显的公共体育服务利益分化的问题，对此，应通过体育经费投入机制改革、财政政策改革、体育管理体制改革等措施对不同区域的公共体育服务利益加以整合，从而提高公共体育服务政策执行效率。

### 4.整合农民群体的公共体育服务利益

通过完善利益保障机制、利益补偿机制来使全体农民共享公共体育服务，从而保证农村公共体育服务政策执行工作的顺利开展。

## （四）加强农村公共体育服务政策执行的制度建设

### 1.建立农村公共体育服务财政保障制度

不管什么服务，都是有成本的，政府承担服务的成本表现为政府付费，这是政府干预公共服务的重要途径与手段。需要强调的是，从本质上来说，因政府提供公共体育服务而产生的经费是由所有纳税人共同承担的。财政支持是提升公共体育服务水平、实现公共体育服务均等化的基本保障。因此，我国需建立公共体育服务经费投入的持续增长机制和专项资金管理机制，在直接投入的同时吸引社会资金，从而为公共体育服务均等化的实现提供基本保障。

政府需要从以下几个方面入手来建立公共体育服务财政保障制度。

（1）加大资金投入

加大体育基础设施建设力度，开展丰富多彩的体育活动，推广体育信息文化、体育健身品牌等是实现公共体育服务均等化的手段，而这一切离不开财政的支持，这就需要政府建立财政资金投入固定增长机制，加大财政资金在农村公共体育服务上的投入力度，使农村公共体育服务事业的发展得到保障。

（2）引进社会资金，拓宽公共服务资金来源渠道

在利用财政资金进行直接投入的同时，还要运用多种政策措施，如利用市场机制吸引社会资金参与公共体育服务的供给，明确政府和市场在不同类型公共体育服务供给中的责任，实现公共体育资源的最优化配置。这主要从两个方面来实现。

第一，直接吸引社会资金进入公共体育服务领域。

第二，建立融资平台，增加财政性公共体育服务投入资金。

现阶段，我国公共财政投入应偏向农村居民，加快农村公共体育服务发展进程，保障农村居民平等地享有公共体育服务权利，使城乡之间不平衡的局面得到改善。

（3）完善转移支付制度

第一，提高一般性转移支付比例，保证各地公共体育服务财力的均衡。从我国的现状来看，地方上还存在一般性转移支付比例过低的现象，这就造成了

地区间公共体育服务支出的不均衡。要想实现基本公共体育服务的均等化，政府就应当分步骤、分地区地提高一般性转移支付比例，使各地区的公共体育服务在供给能力和质量上达到基本平衡。

第二，加大规范和引导力度。政府要规范处理专项转移支付问题，逐步减少市政府所属各部门提供公共体育服务的支出，强化政策规划、指导和监督职能，这样才能使发达地区将各有关部门节减下的财政资金转移到欠发达地区，从而解决不合理的专项转移支付问题，增加欠发达地区政府在公共体育服务上的财政支出。

### 2.多方发力，完善农村公共体育服务机制

公民依法享有体育运动的权利，体育是人们工作生活的重要组成部分。长期以来，政府普遍关注城市公共体育服务建设，而对乡镇地区的重视程度不够，资金扶持力度较弱。

在社会主义社会，所有公民都有权利享受公共体育服务。所以，城市与农村的公共体育服务在标准上应保持一致。但从实际情况来看，城乡之间的差异仍然存在。农村公共体育服务建设存在困难，主要表现为供给不足。应大力消除城乡差异，实现公共体育服务的均等化。

与城市地区相比，我国农村地区经济发展落后，物质水平较低，基本的公共体育服务设施比较缺乏。此外，阻碍农村公共体育服务供给能力提高的因素还有很多，具体表现为：

第一，公共体育场地设施不足，整合和利用程度不够，农民健身需求难以满足。

第二，农民健身意识相对较弱。

第三，整合利用体育资源的力度不够，缺乏共享机制，重复建设问题严重，浪费了有限的体育资源。

第四，农村公共体育服务的覆盖范围不够。

要解决上述问题，就需要有关部门从以下几方面来努力：

①强化农村居民的体育健身意识。

第一，制定农村公共体育服务发展纲要，使农村公共体育服务事业的开展有章可循。

第二，从制度上对农村居民享有的基本公共体育服务的权利加以确立。

第三，加大宣传力度，使农村居民认识到健身的重要性，提高农村居民的体育健身意识。

第四，对农村居民的健身活动给予科学的指导，使其掌握健身技能，积极参与体育健身活动。

②组建农民体育组织。

第一，建设乡镇体育指导中心，组建农村体育指导员队伍，指派专门体育指导员在健身指导中心进行科学指导，使农村居民科学健身的需求得到满足。

第二，乡镇政府大力培养能够满足不同群体体育需求的乡镇体育俱乐部组织；针对不同年龄、性别的农村居民，开展丰富多样的体育活动。

第三，农村居民对公共体育服务的需求是多元的，为了满足多样化的体育需求，政府和体育主管部门要加强引导，大力组建各种类型的体育组织团体，保障农村居民不同类型的体育需求得到满足。

③对乡镇体育公共资源进行充分发掘、整合、利用。

乡镇政府部门尽可能整合、利用一切可利用的公共体育资源，使这些公共体育资源的价值得到最大限度的发挥；统一要求本区域内的学校、机关、企业内的体育场地设施向群众开放，满足群众多样化的健身需求，缓解政府财政压力，避免体育场地设施的浪费。

④开展多样化的体育活动。

乡镇政府和有关部门要广泛听取群众的需求意愿，组织、开展能够满足群众需要的、内容丰富的体育健身活动，吸引更多的农村居民主动参与体育健身活动，共同创建具有乡镇特色的体育品牌。

乡镇部门要结合本地区特点开展体育活动，展现本地特色，对本地原有的传统活动如赛马、划龙舟等进行继承与创新。

3.建立城乡一体的公共体育服务制度

（1）做好城乡统筹规划工作

政府在对相关规划进行制定时，应坚持城乡一体的原则，促进城乡协调发展。在具体规划的过程中，要将城市建设作为核心，将乡镇建设作为重点，以不同地区建设、总体功能区与体育场馆合理布局等为工作出发点，推动整体规划与专项规划相互衔接协作，考虑全局的规划体系和监督执行体系的形成。例如，在公共体育场馆建设方面，将大城市、县城和乡镇全部纳入城乡一体化发展规划，整体谋划，合理布局，做到体育场馆选址与重点镇、中心村建设相结合，使规模扩大与人口集聚相适应、资源配置与体育需求相统筹，体育场馆建设与功能划分相协调。

（2）加强公共体育服务的标准化建设

为了对政府工作人员在公共体育服务中的职责进行明确，规范其行为，相关部门应加强公共体育服务的标准化建设，将标准化建设情况作为判断城乡公共体育服务均等化是否实现和实现程度的重要依据。例如，以城乡一致的标准来建设公共体育服务设施、选择公共体育服务内容和形式、指导公共体育服务工作，并以此标准来对公共体育服务的责任主体进行划分和确立，使各级政府在公共体育服务活动中的责任得以明确。

### （五）加强农村公共体育服务政策执行的环境建设

加强农村公共体育服务政策执行的环境建设应从以下几个方面来进行。

**1.剖析传统思想和文化，促进公众意识的更新**

深层剖析对我国公共体育服务政策执行具有影响力的风俗习惯和伦理文化，摒弃不科学、落后的文化及习惯，促使公众意识不断更新，以使公共体育服务政策得以顺利执行。

**2.加强宣传，提高农村居民对公共体育服务政策的认同感**

借助广播、报纸、网络等媒介以及学校、社团组织等的教育和引导，更新农村居民的体育价值观念，宣传科学的休闲方式，使其深入理解农村公共体育服务政策，从而促使其不断提升对农村公共体育服务政策的认同感。

**3.加强经费保障**

建立经费保障制度，对经费的来源、数额、下拨方式、用途等有所明确，从而为农村公共体育服务政策的执行提供保障。

**4.加强对基层执行主体的管理**

当前，我国一些基层政府在执行公共体育服务政策的过程中存在着执行不力的问题，对此，中央政府要树立权威意识，加强对公共体育服务政策执行的管理，对基层政府的责任及财政投入比例加以明确，提高基层政府的执行效率。

**5.拓宽信息传播渠道，实现资源共享**

第一，拓宽公共体育服务政策执行过程中的资源共享和信息传播渠道，不同部门、不同区域的执行主体要相互协作，对执行过程中发现的共同问题要及时沟通。

第二，加大宣传力度，构建立体公共体育服务政策信息传播网络，不断收集与整理公共体育服务政策执行中的信息，以便更好地修订与完善公共体育服务政策。

### （六）健全农村公共体育服务自下而上决策机制

充分保障人民依法直接行使体育决策权，这不仅是推进公共决策科学化、民主化的重要体现，而且是实现公共体育服务供需精准对接的有效手段。现阶段我国农村公共体育服务实践领域之所以存在供需不匹配问题，一个重要的原因就是农村公共体育服务决策机制缺乏广泛的农民群众基础，没有将农民参与决策的理念完全落实到建设农村公共体育服务治理体系的各个环节当中。按照这一逻辑，健全自下而上的农村公共体育服务决策机制理应成为现阶段提升农村公共体育服务治理效能的关键环节。具体措施如下：

1.树立正确的行政理念

基层政府与体育行政部门要真正从内心上牢固树立起"民本位"的公共治理思想，充分认识到亿万农民参与乡村公共体育治理的重要性，切实维护农民参与公共体育服务各项决策的权益。

2.增强农民参与体育决策的意识

要加大对乡村留守农民公民意识与共同体意识的培育力度，逐步激发农民的公共体育精神，促使其主动树立起参与体育决策的思想观念。

3.提升农民参与体育决策的能力

相关部门要通过专家讲座、教育培训、现场指导、恳谈讨论等方式，帮助广大乡村留守农民掌握参与体育决策的文化理论知识及实践操作技能，引导农民在日常生活中有效参与农村公共体育服务决策。

4.实现农村公共体育服务事务规范化管理

要灵活运用宣传手册、手机短信、农村大型电子屏幕、村务公开栏、乡村公众号、村民微信群等载体，大力推进农村公共体育服务政策法规、财政资金投入与使用、场地设施建设和利用、公益性体育赛事组织、绩效评价结果等信息公开，促使广大农民及时、准确、全面了解农村公共体育服务最新发展动态。

5.畅通民意表达渠道

基层政府要依托村民理事会、议事会与村民小组会议、村民代表会议等平台，定期开展乡村公共体育各类事项协商活动，广泛征求与充分听取广大农民与体育有关的意见、建议，传递不同农民群体在公共体育服务具体方面的需求与偏好，并就农民关注的重点与热点问题及时做出积极回应与反馈。

# 第二节　农村公共体育服务信息保障体系建设

在信息化程度不断提高的背景下，我国农村公共体育服务同样在不断向前发展，加快建设农村公共体育服务信息保障体系提上日程。本节主要对我国农村公共体育信息服务体系的现状和问题、农村公共体育服务信息保障体系的构建进行研究，从而为建设农村公共体育服务信息保障体系奠定基础。

# 一、农村公共体育信息服务体系的现状及存在的问题

## （一）农村公共体育信息服务现状

在我国政治、经济体制改革以及政府职能发生转变的情况下，体育逐渐走向公共服务领域。纵观近年来我国公共体育发展状况可知，其已经获得了很大进步，紧紧围绕建设群众身边体育场地、健全群众身边体育组织、开展群众身边体育活动的"三边"工程取得了明显成果，全民健身体系逐步产生并持续发展。体育不但是社会事业的关键组成部分，还是社会建设和文化建设的关键任务之一。为群众提供良好的公共体育服务是各级政府的重要职责。随着社会的发展进步，政府提供公共体育服务的能力应不断增强，这既是由体育事业的公益性质决定的，也是由政府的职责和任务决定的。我国体育行政部门也根据国家经济社会发展规划，积极投身于公共体育服务建设中。体育行政部门要把工作重点转移到贯彻国家体育方针、研究体育事业发展规划、制定体育行业政策、加强管理和提供服务上来，并构建起面向大众的多元的体育服务系统。同时，政府应明确在发展体育事业中的基本责任，强化政策规划和公共服务职能，充分调动社会各界兴办体育事业的积极性。通过分析新时期的方针政策能够得出，我国农村公共体育服务正逐步从理论研究阶段迈向实践探索阶段，但受认识、能力以及经验等方面的限制，我国农村公共体育服务的发展进程依旧需要加快，必须进行大幅度的改进和提升。

伴随着网络技术和影像传媒等信息技术的快速发展，农民对农村公共体育信息服务的期望值比过去高出很多。在互联网大范围普及、社交媒体不断发展、公共体育服务体系逐步构建和改善的情况下，农民对公共体育服务信息的需求量不断增加。优质、高效的信息服务是建设农村公共体育服务信息保障体系的

有效手段，也是整合农村公共体育服务信息资源、满足农民公共体育服务信息需求的最佳方法和途径。近年来，党和政府高度重视农村公共体育服务信息保障体系建设。国家体育总局统一指挥，各地区体育行政部门团结协作，坚持以习近平新时代中国特色社会主义思想为统领，深入推进农村公共体育服务信息保障体系建设，在提供农村公共体育信息服务时从多个方面进行了尝试和努力，在积累了经验的同时也取得了一定的成效。通过综合分析整体开展情况可知，开展农村公共体育信息服务主要涉及体育信息公开、健身电子地图建设、网络信息平台搭建等。

2008 年 5 月 1 日，《中华人民共和国政府信息公开条例》正式实施，我国政府信息公开制度初步建立起来。为保障公民、法人、其他组织依法获得政府体育信息，保证政府体育信息在人民群众生产、生活、经济社会活动三个方面的公共服务功能得到充分发挥，我国开始推行国家体育总局信息公开服务，向社会各个领域公开总局体育信息。

**1.信息公开方式**

信息公开方式主要分为两种，一种为国家体育总局主动公开，一种为依申请公开。信息主动公开是指信息通过国家体育总局政府网、中华全国体育总会网、中国奥委会网、信息公开查阅点等公开。公民、法人和其他组织可以在国家体育总局政府网上查阅相关信息，也可以到国家体育总局政府信息公开工作办公地点查阅。依申请公开是指公民、法人或其他组织在填写"政府信息公开申请表"的基础上，向国家体育总局申请获得有关政府信息，"政府信息公开申请表"的递交方式可以是在线、邮寄或当面递交，也可通过受理申请机构联系电话咨询有关申请手续，国家体育总局政府信息公开工作领导小组办公室是受理机构。

### 2.信息公开的范围和分类

国家体育总局向社会主动公开的信息涉及机构设置、基本职能、办公地址、联系方式，体育法律、法规、规章及规范性文件，体育工作动态、信息查询、网上办公等。

具体来说，国家体育总局信息公开方式有四种：第一，结合信息公开机构的实际情况，能够把信息公开划分成总局信息公开与直属机关信息公开；第二，结合信息公开主题，能够把信息公开划分成组织机构、综合政务、政策法规、全民健身、竞技体育、体育发展、体育产业、人事管理等；第三，结合信息公开体裁，能够把信息公开划分成决定、公告、通知、通告、通报、议案、报告、批复等；第四，结合信息公开组配情况，能够把信息公开划分成规章与文件、发展规划、资金信息、工作动态、行政许可等。

### 3.信息公开的时限

国家体育总局主动公开的政府信息，由主办单位自该政府信息形成或者变更之日起 20 个工作日内予以公开。法律、行政法规对公开期限另有规定的，遵从其规定。国家体育总局公开办理收到的政府信息公开申请，严禁当场做出答复，应当自收到申请之日起 15 个工作日内做出答复；倘若需要延长答复时间，则延长答复期限应当在 15 个工作日内。

通过分析国家体育总局信息公开的情况可知，常见的信息内容涵盖总局政务、政策法规、全民健身、竞技体育、体育产业、体育发展等方面，子站发布的信息主要来自政府机关、直属单位和省、区、市体育局。受理并答复的依申请公开信息内容涵盖国家体育总局颁布的法规和条例，竞技体育、群众体育、体育产业，运动员、教练员、科研人员、管理人员等方面。

站在全局角度来分析，信息公开中所占比例较大的分别是竞技体育类信息以及总局政务类信息，全民健身类信息等发布数量有限。就政府主动公开的信息量来说，国家体育总局公开的信息和我国农民群体的整体信息需求之间依然存在很大差距。

（二）农村公共体育信息服务存在的问题

通过分析国家体育总局的信息公开年度总结报告，并总结和归纳各项内容能够得出，国家体育总局在信息公开方面存在的常见问题有：第一，政府信息公开的内容还需进一步完善，还需提高所公开的内容的实效性，信息公开形式也需要更加丰富；第二，部分部门与人员在政府信息主动公开方面的意识比较薄弱，认识方面的积极性不高，公开的信息质量较低；第三，政府信息公开制度建设进程比较落后，没有形成切实有效的门户网站内容保障机制、监督检查机制以及奖罚机制等。

# 二、农村公共体育服务信息保障体系的构建

农村居民的公共体育服务信息需求是建设农村公共体育服务信息保障体系的向导，农村公共体育服务的信息资源是建设农村公共体育服务信息保障体系的基础。应在深入研究农村公共体育信息保障体系理论的基础上，对农村公共体育信息服务的供给状况和民众的信息需求情况有所了解，从建设目标、建设原则、构成要素、建设模式、运行机制、解决措施等角度来构建农村公共体育服务信息保障体系。

（一）建设目标

农村公共体育信息服务往往会在不同发展阶段出现不同的问题，由于各个阶段重点解决的问题不同，因而其发展目标也不同。在现阶段，我国农村公共

体育服务的投入不足，服务水平有待提高，公共体育服务的覆盖面还较小。近年来，在乡村振兴战略的推动下，农村居民的生活水平不断提高，他们不仅有更高的物质需求，还要求在精神生活方面的需求得到满足，农村公共体育服务供给和需求的矛盾日益凸显。面对这一时期的突出问题，农村公共体育服务信息保障体系的发展目标是：以农村公共体育服务信息资源开发为重点，利用先进的网络技术对我国公共体育服务信息资源进行整合，实现公共体育服务信息资源的合理利用和有效供给，以最大限度地满足农民的公共体育服务信息需求；循序渐进地构建和完善具有中国特色的农村公共体育服务信息保障体系，突出市场在资源配置中的决定作用，进一步提高农村公共体育信息服务水平，让广大农民享受到更多改革发展的成果。

## （二）建设原则

### 1.需求导向原则

对于农村公共体育服务信息保障体系的构建而言，信息需求发挥着前提与导向的作用。在我国市场经济和多元信息服务体系下，农村公共体育服务信息保障体系建设必须根据农民的公共体育信息需求进行资源整合和服务供给，并尝试构建公共体育服务信息平台，满足农民的公共体育服务信息需求。

### 2.公平享有原则

当前，我国农村公共体育的服务对象是全体农村居民，所以政府部门应当提高农村公共体育信息服务的实际水平，扩大农村公共体育信息服务的覆盖范围，让不同地区的农民都参与其中，从多个方面提供公共体育服务信息资源，尽全力满足农民群体的体育信息需求，保证全体农民都能公平地享受公共体育信息服务。

### 3.规范性和合法性原则

在农村公共体育服务信息保障体系的构建过程中，规范性原则要求政府应明确相关管理办法和服务方法，按照国际标准或国家标准，实现数据库建设、信息交换协议、信息传递规则等的有序运行。合法性原则的具体要求是：一方面，政府根据法律法规以及制度等来明确农村公共体育服务信息公开的范围、内容、程序、途径；另一方面，在农村公共体育信息服务的实践中，认真贯彻和执行相关规定。

### 4.多元化和多层次原则

要想有效发挥农村公共体育服务信息保障体系的功能和价值，就应运用多元化的信息资源，同时利用多层次协作来为农民提供信息服务。在国家层面上，应对农村公共体育服务信息资源进行整合，使各机构同心协力，共同推动社会化信息服务的开展，实现资源共享。

### 5.统一规划和共同建设原则

就目前来看，我国农村公共体育服务信息保障体系的发展依旧处在初级阶段，公共体育服务信息分布不够密集，门类较多，部门之间的联系不太紧密，信息孤岛现象极易出现。为了提高农村公共体育信息服务的效率，更好地发挥各方力量，政府部门应在统一规划的前提下，联合其他社会组织，共同构建符合我国国情的农村公共体育服务信息保障体系。

## （三）构成要素

在构建农村公共体育服务信息保障体系的过程中，应当将重要依据设定为公众的信息需求，应利用不同类型的信息传播途径，提供多层次且质量较高的信息服务，同时要在共享信息资源的基础上对信息资源进行充分利用，向农村公共体育服务提供来自多方面的信息保障。从系统论的观点来看，公共体育服务信息保障体系由若干相互联系和相互制约的要素构成，它们之间既紧密联系又相互制约，并且通过特定的运行机制组合而成，共同为公共体育服务提供有效的信息保障。公共体育服务信息保障体系的构成要素主要包括信息资源建设、信息组织机构保障、信息技术保障、信息经费保障、信息人力资源保障、信息法律法规和政策保障、信息工作协调管理（见图5-1）。

**图5-1 公共体育服务信息保障体系的构成要素**

### 1.信息资源建设

对于农村公共体育服务信息保障体系来说，信息资源建设是重要基础。在现阶段，信息数字化迅速发展，我国信息资源中心和数字化图书馆以及有关机构的建设迸发出强大生命力，政府在公共体育服务信息资源与服务供给方面的优势越来越明显，进一步强化公共体育服务信息资源建设已经成为一项重要任务。伴随着以信息网络技术为代表的科技革命不断取得新突破，信息网络化已经成为推动各国经济社会不断发展的强大动力，从单机到局域网，再到广域网，最后发展到互联网，要满足数以亿计的网络用户的信息需求，相关机构必须不断开发网络化信息资源，建立体育信息资源数据库，搭建公共体育服务网络信息平台，为公共体育信息服务工作的顺利进行提供强有力的信息资源保障。

### 2.信息组织机构保障

具体来说，信息组织机构保障是为充分保障公共体育信息服务发展而组建的组织系统与机构，同时要主动完成公共体育信息服务建设。为实现农村公共体育信息保障体系的建设目标，各体育组织机构应该密切联系，团结协作，把人力、财力和物力等按照统一的形式和标准，有秩序地整合起来，以农村公共体育信息服务为纽带，自上而下地形成一个全面而系统的信息组织机构网络，为农村公共体育信息服务的组织化、规范化和制度化建设提供保障并奠定组织基础。

### 3.信息技术保障

发展与创新信息技术，有利于推动社会进步。信息技术的发展过程不只是自身技术方面的进步和提升过程，同时也是信息技术在短时间内渗透到其他行业，逐步实现社会化，逐步融入并植根于广大群众日常生活与工作中的过程。运用计算机技术、通信技术、声像技术、多媒体技术、数字技术、信息推送技术、信息发布技术、人工智能技术等，对农村公共体育服务信息进行组织、加工、整理和传播，可以让公众更加方便快捷地获取公共体育服务信息，从而保证农村公共体育服务信息保障体系的高效、高质发展，并为其体系建设奠定坚实的物质基础。

### 4.信息经费保障

公共服务经费不但是保障公共服务水平的基石，而且是保障公共服务质量的基石。具体来说，经费保障是指以财政拨款为主要内容，以社会各界的资助以及服务经营收入等为经费来源，来尽可能满足人民对体育服务的需求。公共体育服务的资金来源存在单一化的特点，同时公共体育信息服务建设经费比较短缺，这必然会影响农村公共体育服务信息保障体系的建设与发展。在体育体制改革和经济体制改革不断深化的背景下，政府应采取多样化、多渠道的方式来筹集农村公共体育信息服务经费，将农村公共体育信息服务的资金投入纳入地方财政预算，实行专款专用，集中社会力量，通过制定激励措施来吸引社会资金，积极引导社会资金参与，为农村公共体育服务信息保障体系的建设提供经费支持和保障。

### 5.信息人力资源保障

体育人力资源是指对体育发展具有促进作用，可以完成体育实践活动，具备特定的体育意识、体育知识、体育能力、体育经验的体育人才。体育人力资源不但是构成我国体育事业的一个关键部分，而且是推动公共体育服务进程的一项要素。体育人力资源包括组织管理人员、健身指导人员、健康监测人员、科研人员和体育产业经营人员等。信息人力资源保障是农村公共体育信息保障体系的重要组成部分，在农村公共体育服务信息保障体系建设过程中不仅需要培养具备体育知识、能力、经验的指导、监测、科研人员，而且需要培养了解信息知识，掌握信息技术的组织、管理、操作人员，充分发挥人才在农村公共体育信息服务中的能动作用，并使其在农村公共体育服务信息保障体系建设中发挥出最大的效用。

### 6.信息法律法规和政策保障

信息法律法规和政策保障是促进农村公共体育信息保障体系发展的法律法规和政策依据。信息法律法规和政策能够为公共体育服务信息保障体系建设提供良好的发展环境和建设条件，能够保护信息知识产权，维护公民依法使用信息的权利。通常来说，信息法律法规和政策往往涉及知识产权法、信息安全法和与规范市场秩序相关的法律。

知识产权法是指在调整知识产权的归属、行使、管理和保护等活动中产生的社会关系的法律规范的总称。站在法律部门归属的立场来分析，知识产权法依旧在民法的范畴内，属于民法的特别法。一般来说，民法的基本原则、制度以及法律规范往往适用于知识产权，同时知识产权法中的公法规范与程序法规范均为知识产权的确认和保护过程提供保护，并没有占据主导地位。

在信息搜集、信息发布与共享、信息网络平台建设等环节可能涉及知识产权问题，应保持高度的知识产权意识。

信息安全法是指维护信息安全、预防信息犯罪的刑事法律规范的总称。狭义的信息安全法是指保障信息安全、惩治信息犯罪的刑事法律，相对而言，狭义的信息安全法的目的性更为明确，法律结构也简单、凝练。以世界各个国家的信息安全立法为分析对象，信息安全法是一种刑事法律。由于在构建农村公共体育服务信息保障体系的过程中，往往会涉及信息技术方面的部分机密资料，所以一定要认真完成信息保密工作和信息安全工作，其中信息安全法的重要性不容忽视。

规范市场秩序的相关法律是指在市场经济条件下，规范公共体育服务信息保障活动所涉及的信息产品交易、信息产品价格、信息市场公平竞争等方面的法律，主要包括反不正当竞争法、反垄断法、消费者权益保护法、产品质量法、广告法等。

### 7.信息工作协调管理

公共体育信息服务内容多、覆盖面广，独立的信息组织机构不可能全面地收集到所有公共体育服务信息资源，信息保障能力是有限的。各类信息组织机构应该根据本机构的特点，进行特色化的信息资源开发与建设。在信息工作协调管理的过程中，一定要在所有系统或所有部门之间构建信息工作的协调与管理机构，通过组织协调与管理来对信息资源的共建和共享做出科学规划，促使各个范围内的信息资源建设更加规范，在信息工作协调管理的基础上，尽全力建设覆盖面积广的农村公共体育服务信息保障体系。

## （四）建设模式

很长时间以来，提供公共体育服务信息的机构或部门都是将社会大众的信息需求作为依据，在搜集、整理、组织、开发、利用公共体育信息的基础上，向大众提供更加优质的公共体育信息服务。随着信息技术的快速发展和社会环境的变化，公共体育服务的信息数量迅猛增加，信息机构或部门的信息保障能力受到了严峻的挑战：第一，单一信息机构或部门公共体育服务信息的收集能力存在局限性，无法完全满足民众的信息需求。第二，各信息保障机构或部门之间缺乏联系与合作，都追求信息覆盖面的扩大，这往往会导致信息资源的重复，使得整个保障体系信息含量匮乏。第三，各信息保障机构之间存在"信息鸿沟"，影响信息资源的共享和有效利用，使得整个信息保障体系难以建立，整体信息保障能力下降。

综上所述，构建农村公共体育信息保障体系必须在国家统一指挥与引导下进行，应尽可能打破相关系统与部门的各种限制，坚持就近协调和合作的原则，有效构建出地区性的信息保障体系，搭建出跨越系统和部门的农村公共体育服务信息保障平台，由此达到优势互补、共同享有公共体育服务信息资源的目标。

分析农村公共体育服务信息体系的建设可知，其不但是一个庞大而系统的工程，而且建设的整体信息保障体系能够划分成三个层面，如图 5-2 所示。

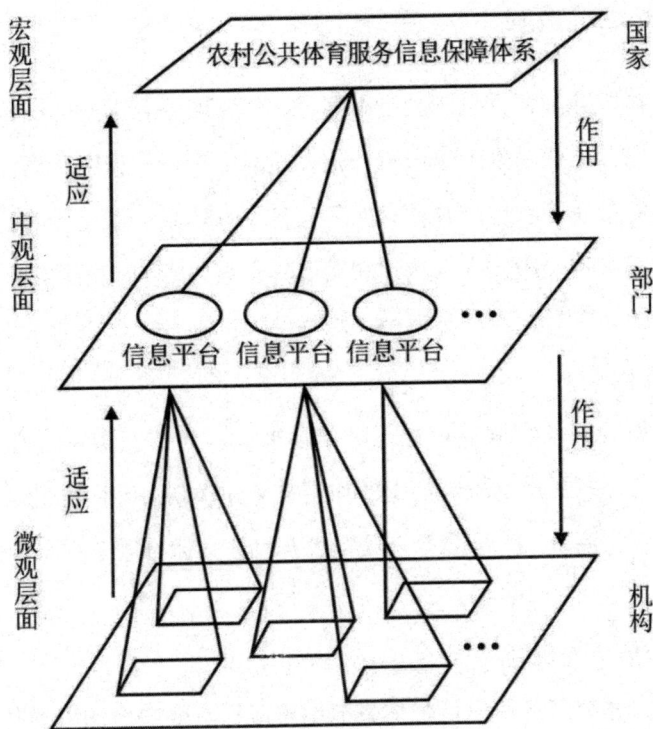

**图 5-2 整体信息保障体系**

从宏观角度来看，公共体育信息服务机构不断整合社会化公共体育信息服务，大范围收集各方面公共体育服务信息，科学实施信息资源的开发，同时提供和我国农村公共体育服务需求相吻合的信息资源及服务。

从中观层面来看，分属于各个部门的信息平台，如中国高等教育文献保障系统、国家科技图书文献中心、国家信息中心等，都属于公共体育服务信息保障体系的子系统，各子系统应在国家科学统筹的情况下，完成跨越系统和部门的协同合作，由此达到共享与利用公共体育信息资源的目标。

从微观层面上来看，各研究机构、政府组织、企业机构等相互联系，协同合作，组建基层区域性信息平台，实现农村公共体育服务信息资源的利用。

（五）运行机制

公共体育服务的运行机制是指影响公共体育服务各因素的结构、功能及其相互关系，以及这些因素产生影响、发挥功能的过程和作用原理及运行方式。运行机制不但是我国农村公共体育服务信息保障体系得以运转的动力，而且对农村公共体育服务保障体系的构建和发展具有重要影响。我国农村公共体育服务信息保障体系有效运行，是调控机制与保障机制发挥作用的结果。

1.调控机制

对于农村公共体育服务信息保障体系来说，其不但要有政府的指导与支持，而且要充分发挥市场机制的调节作用，充分联系社会供给机制，真正实现合作引导和多方联动，联合多方力量完成农村公共体育服务信息保障体系的构建与完善。

（1）政府调控机制

农村公共体育服务信息保障体系的健康运行有赖政府的引导与支持。为了充分发挥公共服务的效能，政府必须加强对地方公共体育信息服务工作的管理与监督。首先，应该加强宏观调控，以应对农村公共体育服务信息保障体系建设中存在的诸多问题，组织协调好各个部门的信息服务工作，确保农村公共体育服务信息资源的共建与共享；其次，加快改革速度，尽全力创建与营造优质的信息服务环境；最后，面对市场调节失灵的状况，应当积极利用政策引导，主动完成协调改进工作，同时尽可能弥补市场中的劣势，降低出现市场失灵的可能性，利用多种方式降低风险。

（2）市场调控机制

市场机制主要包括供求机制、竞争机制、价格机制。供给与需求是市场存在的前提条件，从农村公共体育服务市场发展的情况来看，农村公共体育服务信息的供给面临许多问题，不少农民的信息需求无法得到有效满足。供求机制有待进一步改进和完善，以便满足广大农村居民的信息服务需求。引入竞争机制，可以规范市场竞争，使农村公共体育服务的提供者为争取有利的市场地位而进行良性竞争，从而提高农村公共体育信息的服务水平和效率，促进公共体育信息服务的多元化和个性化。价格机制是市场机制中的基本机制，是指在竞争过程中，与供求相互联系、相互制约的市场价格的形成和运行机制。对于市场竞争过程而言，价格变动和供求变动之间有彼此限制的关系与作用。构建出规范的价格运行机制，利用价格这种途径来调整公共体育信息服务的规模与内容，能够让公共体育服务信息市场的整体结构更加合理。

### 2.保障机制

对于保障机制来说，其不仅能使公共体育服务信息需求得到满足，还能提升公共体育信息服务能力，也充当着农村公共体育服务信息保障体系有效运行的基石。农村公共体育服务信息保障体系的保障机制与公共体育服务信息的共建和共享息息相关，主要包括利益平衡机制、财政保障机制、技术保障机制和评估监测机制。

（1）利益平衡机制

由于政府部门、社会组织以及个人共同承担着农村公共体育服务信息保障体系的构建责任，所以由此产生的利益理应共同分享。然而，在许多情况下，三者在责任承担和利益共享两方面严重失衡，导致付出和回报不成正比，部门、组织和成员之间"搭便车、敲竹杠"的现象时有出现，这就需要政府及时行使行政权力，努力建立利益平衡机制，根据实际投入和贡献量，公平分配，平衡利益。

（2）财政保障机制

对于财政投资而言，其不但是公共体育服务发展的前提条件，而且是改善公共体育信息服务状况的物质基础。财政保障机制不仅影响公共体育服务的规模，而且影响公共体育服务的内容与形态。在建立农村公共体育服务信息保障体系的过程中，应以财政公平为出发点，实现信息服务资源的优化配置，不断充实和完善财政保障机制，逐步弥补地区间的差距，使不同地区的农民都能够公平地接受公共体育信息服务。

（3）技术保障机制

就农村公共体育服务信息保障体系的构建来说，应把数字技术当成关键性技术，把网站建设当成重要的信息发布共享平台。不管是检索和获取信息，还是发布和共享信息，或者是选择和构建用户平台及数据库，均需要现代信息技术发挥辅助作用，同时要求现代信息技术提供切实可行的技术支持。所以，建立技术保障机制，是解决农村公共体育信息服务技术问题的必备条件。

（4）评估监测机制

评估与监测是评估监测机制的两项功能。构建评估监测机制有助于顺利构建农村公共体育服务信息保障体系。构建评估监测机制，制定统一的评估监测准则，进一步强化农村公共体育服务信息保障体系的监督和管理，不仅能使农村公共体育服务信息保障体系顺利运行，还能使农村公共体育服务信息保障体系健康发展。尝试建立统一的信息评估监测分析系统，实现信息共建与共享的规范化管理、标准化度量、多元化合作，实现有效的社会监督，可以规范和监督农村公共体育服务信息保障体系建设。

（六）解决措施

1.突出公共体育信息服务界面，明晰公共体育信息服务内容

为提高农村公共体育服务信息保障体系的整体能力，实现信息资源的共建与共享，打破不同政府服务部门各自为政、条块分割的不利局面，各级体育行

政部门应高度重视公共体育信息服务工作，协调管理，明确分工；加大公共体育服务信息的板块建设力度，彰显特征，明确具体条目，统一内容，完善格式，从而为广大农村居民收集并掌握公共体育服务信息提供便利。

现阶段，学术界在公共体育信息服务方面的研究成果比较有限，但在公共体育服务内容方面的研究比较成熟与系统。针对这种情况，可以借鉴当前的公共体育服务内容的研究成果，对公共体育服务的常见内容进行整理，同时为公共体育信息服务提供理论参考。有专家认为，公共体育服务体系是一个体现公平、公正、公益，且能够为人民群众提供基本体育服务的体系，是一个能够使国民体质和健康水平得到普遍提高的体系，是一个政府领导、部门组织、行业合作、社会兴办的多元体系，从本质来说就是将作用于公共体育服务的众多因素整合为一个有机整体，达到资源配置最优、管理工作最规范、服务效益最理想的目标，保证全体人民能够享受基础性的体育服务。其基本内容结构如图5-3所示。

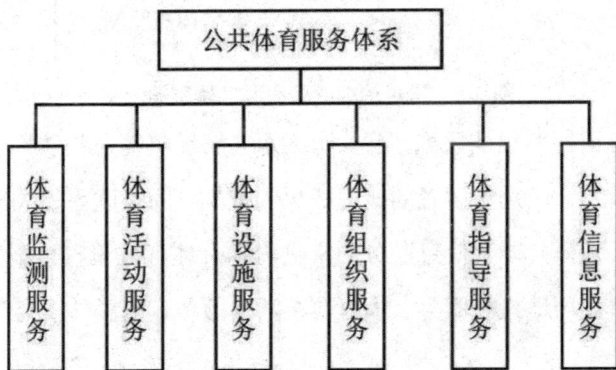

**图5-3 公共体育服务体系基本内容结构**

郇昌店、肖林鹏、李宗浩等学者通过总结公共体育服务体系的建设思路，来探索公共体育服务体系的内容。笔者通过对国家体育总局和地方体育局相关文件进行整理和归纳后发现，我国一些政府部门常见的公共体育服务体系内容包括体育场地设施、体育组织、体育活动、体育健身指导、体育信息、体育制度和国民体质监测（见图 5-4）。

学者汤际澜、徐坚认为，公共体育服务供给内容主要有体育法律法规和政策制定、公共体育资源投入、公共体育设施建设、公共体育组织建立、公共体育信息发布等。

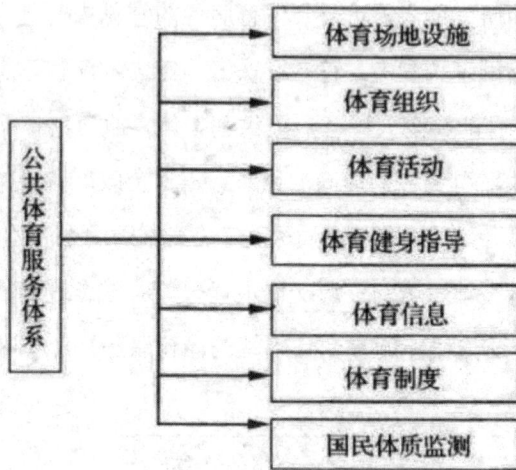

图 5-4　常见的公共体育服务体系的内容

不少学者已经得出的研究成果，能够为进一步明确公共体育信息服务内容提供指导性借鉴。以众多学者的研究成果为依据，同时联系相关部门的访谈与调查，这里认为公共体育信息服务的常见内容有体育政策宣传服务、体育健身指导服务、体育场地设施服务、体育赛事活动服务、国民体质监测服务五个方面（见图 5-5）。

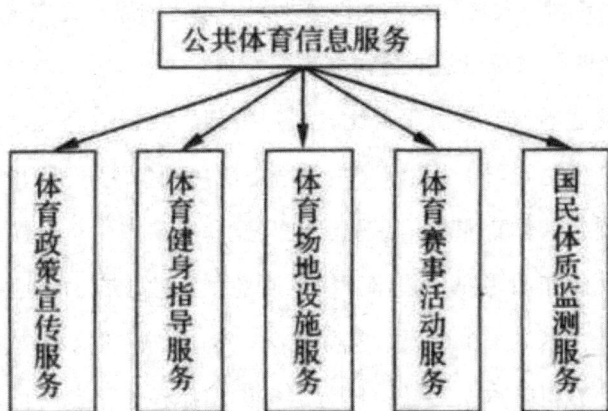

图 5-5　公共体育信息服务的常见内容

2.开发公共体育服务信息平台，构建国家级公共体育服务保障机构

我国公共体育服务信息保障体系的构建，要求相关部门在信息服务中打破部门和系统的界限，进行跨系统、跨部门的协同合作。在经济社会不断发展的大背景下，要想有效缩小公共体育服务的信息鸿沟，妥善处理部门之间的"信息孤岛"问题，就要尽可能让社会信息需求维持平衡，在现代信息技术与网络环境的基础上，科学构建国家和区域的公共体育服务信息平台，尽全力建设与开发公共体育服务信息平台。

当前，一些发达国家和地区已经把跨系统的平台建设列入国家整体发展战略。这些国家和地区从公共服务系统的整合与平台构建，到面向创新发展主体的社会化服务推进，逐步确立了跨系统的平台建设模式。大多数欧盟国家在构建本国的信息服务平台时以本国核心机构为中心，以各信息服务机构建设为前提，通过整合各类信息资源，构建起全方位、多层次的信息服务平台，并以此为基础开拓信息服务新领域。以英国为例，隶属英国科研部门与教育机构的网络用户，能够通过信息平台进入英国和其他国家的信息服务网中，由此共享更多的信息网络资源。发达国家的实践表明,信息化国家已经在建设资源更加多样、更加广泛的跨系统信息服务体系方面发力。

通过与发达国家的信息平台比较可以发现,我国信息平台在技术方面依旧有很大的进步空间,同时我国相关系统与部门间条块分割问题也十分常见,这必然对我国公共体育服务信息资源的共建和共享产生负面影响,某些情况下还会起到阻碍作用。在公共体育信息服务平台建设方面,应根据我国的信息化发展水平和信息平台建设的实际情况,运用先进的信息技术、网络技术、数字技术、计算机技术,对公共体育服务的信息检索平台、信息发布平台、信息监督与反馈平台等进行建设和开发,并力争构建统一的国家级公共体育服务信息保障机构,以期实现以国家为中心的跨省、市、县的信息保障体系,协调统一和全面管理各地区的公共体育信息服务活动,推动我国公共体育信息服务更好、更快地发展。

要想构建能够实现共建和共享的公共体育信息服务平台,集成式信息服务平台是十分理想的选择。信息服务前台和信息服务后台是集成式公共信息服务平台的组成部分。信息服务前台可以是统一的公共信息服务网站,或者是针对广大群众的公共信息亭,还可以是公共信息服务机构,常见职能是向公众提供公共体育信息服务、及时接受公众的信息反馈,满足公众的信息需求;信息服务后台则是一个共享式的公共信息数据库,其功能强大、更新速度快,能够通过体育行政部门的信息中心或与其他公共服务组织联合实现数据库的信息输入与加工(见图5-6)。集成式公共信息服务平台的对外服务前台是一个政府网站、面向公众的公共信息亭或某一公共信息服务机构,它承担公众信息需求的接受、信息服务的输出和最终信息服务结果的反馈等职能。

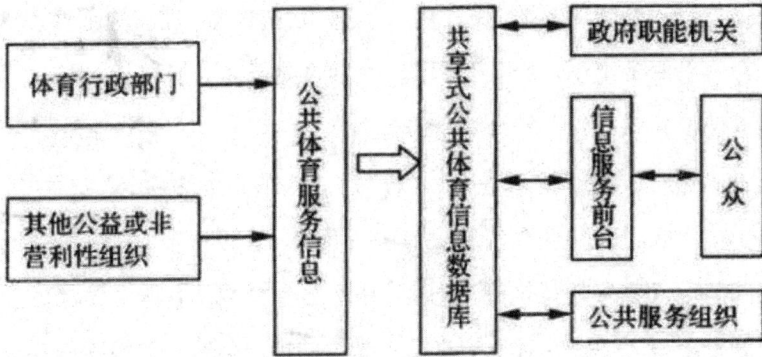

**图 5-6　公共体育信息服务平台**

**3.加强信息保障的法律法规和政策建设，实现规范化、标准化管理**

要想实现公共体育服务信息资源的共建，不但要有先进技术条件作为支撑，而且要保障在安全和谐的信息环境中运行。要想规范管理公共体育服务信息保障体系，不仅要积极学习和引进合乎国情的立法经验和执法经验，还要对和我国公共体育信息服务相适应的法律法规进行构建与优化，立足于多个角度来具体规定政府信息公开，信息资源开发与管理，信息检索、发布、监督反馈等方面的工作，在有法律保障的前提下，构建出符合我国实际情况的公共体育服务信息保障体系。

要想顺利开展公共体育信息服务，必须有国家信息政策和法律的保障。我国信息政策的内容主要有信息机构管理政策、信息服务投入政策、信息资源建设政策、服务业发展政策、信息市场规范政策、信息技术发展政策、信息用户及公众信息素质提高政策、信息服务国际合作政策。

加强信息保障体系的法律法规和政策建设，实现规范化、标准化管理，应从国家建设和发展的需要出发，从政策层面认识、理解信息保障体系在公共体育服务信息化建设中的地位和作用，明确信息保障政策的目标和内容；从法律角度来强化信息保障体系的立法建设，保证立法的统一性和规范性，使社会化公共体育信息服务组织、资源开发以及信息服务行为更加规范，保证公共利益，实现信息保障体系的规范管理与标准运行。

4.合理分配资金投入，协调各级信息保障机构和组织的利益

对于构建农村公共体育信息保障体系而言，建设资金的投入非常重要，国家财政部门不仅要有效强化投资力度，还要结合公共体育服务信息的实际需求科学规划资金投入比例。对于信息需求量大的地区或部门，国家应加大资金投入力度；对于信息需求量小的地区或部门，国家应适当减少资金投入力度，使有限的资源能够最大限度地满足人们的信息需求。参与农村公共体育服务信息保障体系建设的机构和组织众多，协调好它们之间的利益关系非常重要。为了使参与公共体育信息服务的机构和组织获得的利益相对合理，国家应建立科学的利益分配机制，协调各级信息保障机构或组织的利益。参与服务的机构在协同服务的前提下，能够获得比不参与协同服务的机构更多的收益，这不但是个体组织参与协同服务的重要基础，也是不同级别信息保障机构与组织参与公共体育信息保障体系建设的重要动力。

5.组建负责、高效、业务能力强的公共体育信息服务工作团队

要想满足公众的公共体育信息服务需求，就需要建立一支负责、高效、业务能力强的公共体育信息服务工作团队。首先，信息服务人员应该树立高度的责任意识，牢记"为人民服务"的思想，将各项工作落到实处。其次，应严格考核制度，将工作绩效与个人利益挂钩，形成有效的激励管理机制，力求高效率、高质量地完成各项公共体育信息服务工作。对于人员配备来说，不但要配备业务水平高的技术人员，实现技术工作顺利运行与创新发展，还要配备业务水平高的工作人员，这样不仅能带领与协调工作团队，还有助于及时和公众展开沟通与交流，促使公众体育服务的信息需求得到满足。公共体育服务的工作

团队应当包含管理协调团队、资源开发团队、信息服务团队和技术支持团队。

（1）管理协调团队

在通常情况下，建议管理协调团队指派一名高层领导或两名高层领导承担领导责任与管理责任。管理协调团队主要承担发展农村公共体育服务信息保障体系的任务和任务，对体系建设过程中相关部门与工作人员间的关系进行协调，同时完成人事管理与财务管理，落实相关工作。

（2）资源开发团队

资源开发团队主要负责对各种公共体育信息资源进行搜集、组织、整理、描述、加工、评价、应用等。应结合资源开发流程（一般包括需求分析、计划制订、项目实施、效益评估等几个阶段），对公共体育信息资源进行开发。

（3）信息服务团队

信息服务团队主要负责公共体育信息服务的设计与创新，通过为农民提供形式多样的信息服务（主要包括体育政策宣传服务、体育健身指导服务、体育场地设施服务、体育赛事活动服务、国民体质监测服务等），满足农民的公共体育服务信息需求。

（4）技术支持团队

技术支持团队的相关人员应当掌握和运用最新的信息技术、计算机技术以及通信技术，常见的职责是更新与维护公共体育服务信息保障体系的设备，在规定时间内升级数据处理系统，为信息服务平台的顺利运行与更新提供技术支持，等等。

# 第三节　农村公共体育服务
# 财政保障体系建设

公共体育服务财政保障是我国公共体育有效开展的动力因素之一。体育资金是我国各项公共体育活动有效开展的重要基础，如果没有足够的资金作为支持，就没有足够的人力、物力资源的投入。从某种意义上说，财政资金是公共体育发展的先决条件。

## 一、我国农村公共体育服务经费的主要来源

目前，我国农村公共体育服务经费已从"完全由国家财政拨款"向"以国家拨款为主、社会集资为辅"的"结合型"方向发展，这是一个非常好的转变。调查显示，当前我国农村公共体育服务经费主要有以下三个来源。

### （一）政府投入

我国体育资金的筹措途径主要是国家财政拨款。一直以来，我国的体育经费都是由政府提供的，以确保体育事业发展的基本开支，使体育活动得以顺利开展。

具体来说，当前政府对公共体育服务的经费支持是通过政府财政资金的专项拨款来实现的。国家各系统、政府各部门等的专项拨款，主要用于发展群众体育事业，促进群众体育活动的开展，以提高国民基本的身体素质。各地方政府的一部分资助主要用于大型体育基础设施建设、大型运动会的补助等。我国

中西部地区发展体育事业所需的经费，主要来自当地政府的资金投入。

现阶段，我国财政政策对公共体育服务的投入不仅有利于公共体育服务体系的发展，还有助于从宏观方面实现体育财政资源的有效、合理配置。例如，财政政策可以调整体育资源的配置，我国对高消费体育娱乐项目多征税，对高雅体育项目少征税，如对国有体育场馆开办的、向大众开放的体育健身娱乐经营活动免征国有资产占有税和房地产税。

必须认识到，受各种因素的影响，当前我国政府在体育经费上的拨款十分有限，和世界上一些体育强国相比，我国的公共体育经费投入还处于比较低的水平，用于农村公共体育服务的资金就更少了。

（二）体育彩票

体育彩票是我国面向全社会进行的一种公益性体育集资，除了派发奖金和支付工作人员的工资，剩下的多用于基层体育建设，是农村公共体育服务财政保障的重要经费来源。

1994 年，我国体育彩票开始发行，当时，为了加快体育事业的发展，弥补体育经费的不足，为各项体育事业筹集资金，国家批准发行了中国体育彩票。随后，我国形成了中国福利彩票和中国体育彩票两大发行体系，为全社会的福利事业和体育事业的发展做出了巨大贡献。

1992 年 6 月，国家体委（今为国家体育总局）起草《关于建立全国统一的体育彩票发行制度的请示》，并报国务院批准。

目前，我国体育彩票和福利彩票由国家统一发行，我国体育彩票管理中心是隶属于国家体育总局的事业单位，具有行政、企业与事业"三位一体"的特征（见图 5-7）。

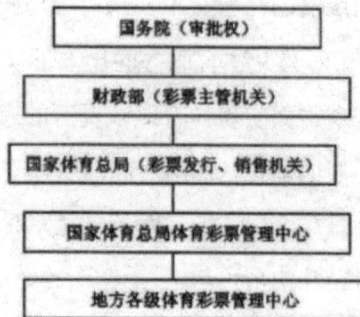

图 5-7　与体育彩票发行有关的机构

随着体育全球化的发展，我国体育彩票发行日渐成熟与完善，各种类型的彩票不断被推出。体育彩票的发行为我国体育事业的发展筹措了大量的资金，这部分资金成为我国公共体育服务财政支出的重要经费来源，极大地促进了农村体育事业的发展。

事实证明，我国体育彩票的发行是成功的，为我国体育事业的发展提供了强有力的资金支持。

## （三）社会集资

社会集资以企业投资为主，社会集资使公共体育服务经费的来源日益多元化，而政府和社区共同承担公共体育服务经费是一种新的资源配置方式。

在市场经济条件下，要想促进体育事业的发展，利益主体必须是多元化的。加大社会筹资力度，能为我国体育事业的发展提供更加广阔的融资渠道。现阶段，我国体育事业的发展需要大量的资金投入，在这种情况下，加大社会筹资力度能加快体育基础设施建设，而加大社会筹资力度是筹集体育发展资金、推动体育长期发展、建立公共体育服务财政保障体系的有效途径。

近年来，为了促进我国体育事业的发展，我国在体育资金筹备方面做出了很多努力，如发行体育彩票。随着社会经济的发展和人民生活水平的提高，社会闲散资金越来越充裕，这为体育彩票的发行提供了资金基础。此外，我国还实行体育发展基金征收制度，此类基金主要用于公共体育场馆设施建设和全民健身计划的组织和实施。

就我国社会体育集资现状来看，与我国体育事业发展的资金需求相比，我国体育资金资源仍然处于一种紧张的状态，不能适应我国体育事业发展的需要，不能为我国农村地区提供更多的资金。

总的来看，现阶段，我国对体育的财政拨款也呈逐年增加的趋势。在国家财政拨款保持稳定增加的基础上，社会集资、企业赞助等也有所上升，体育资金总量增长迅速。相对来说，某些农村地区的群众体育活动开展得较少，主要原因是缺少群众性体育活动专项资金的投入。

# 二、我国农村公共体育服务财政保障存在的问题及原因分析

## （一）我国公共体育服务财政投入存在的问题

### 1.投入总量少、比例小

我国农村公共体育服务财政投入的绝对规模虽然不断扩大，但相对规模未同步增长；我国农村公共体育服务财政投入占国内生产总值的比重还比较小，经费投入少，可利用资金少，这些都是当前我国农村公共体育发展面临的主要问题。

和体育发达国家相比，我国用于发展公共体育服务的财政支出在国民生产总值、国家体育财政支出中的比例还是比较低的，需要不断提高投入比例。

调查显示，在群众性体育活动的经费来源中，以农村体育活动为例，农民自己交纳会费作为体育活动经费的村占到76%，由企业支付或者通过其他方式筹集活动经费的村只有24%。经费投入十分有限，在很大程度上限制了我国农村群众体育的发展，是当前农村公共体育服务财政投入急需解决的重要问题之一。

### 2.投入增长机制不稳定

当前，我国在公共体育服务财政投入方面，还未形成稳定的增长机制，就我国近年来农村公共体育服务财政投入的情况来看，虽然呈现出持续增长的态势，但是增长率起伏大，不稳定。

### 3.投入渠道单一

我国农村公共体育服务体系的财政资金来源主要有三个方面，这一点在前面已经进行了详细介绍。在我国农村公共体育服务体系的财政资金来源的三个方面中，每一个方面都包括多个资金来源渠道，但是，就目前来看，我国农村公共体育服务体系的财政资金来源仍然主要依靠政府财政的专项体育资金投入。

近年来，虽然农村公共体育服务财政资金的投入渠道正在不断拓宽，但是，政府体育资金投入仍然是农村公共体育服务财政资金的主要来源，投入渠道相对单一。

### 4.投入结构不合理

我国农村公共体育服务财政投入结构不合理的问题，主要集中表现在以下几个方面。

（1）群众体育投入严重不足

与竞技体育投入相比，我国群众体育方面的财政投入较少，国家体育财政投入结构严重失衡。长期以来，我国都非常重视竞技体育的发展，将很多体育资源都投入竞技体育领域，缺乏对群众体育的关注，和竞技体育发展相比，群众体育发展缓慢。

当前，我国群众体育投入严重不足主要集中表现为公共体育服务产品供给不足，群众性体育公共产品供给不足严重制约了群众性体育活动的开展。

（2）地区结构失衡

我国幅员辽阔，不同地区的经济、文化、社会发展差异较大，发展很不平衡，各项体育资源在不同地域之间的分配不合理，体育资金投入在不同地域差别很大。

现阶段，我国各区域体育场地分布呈现明显的差异，具体表现为，我国中西部地区体育事业经费远低于东部，体育经费的投入严重不足，人均体育事业经费非常少，难以支持当地群众性体育事业的发展。

（3）城乡结构失衡

城乡二元结构人为地造成了一种城乡分化的局面，城乡政治、经济、文化、体育等发展的不平衡正是在这种制度的作用下形成的。

和城镇体育的发展相比，我国农村地区的体育发展较为落后，包括体育资金、体育基础设施、体育指导员在内的体育财力、物力、人力方面的投入，与城镇相比均有明显的差距。

城乡体育财政资源的配置不均衡，更多地表现为体育资金用于城市体育事业的发展，农村体育资金严重匮乏。

5.投入产出效率低

当前，我国农村公共体育服务财政存在投入和产出效率低的问题，从全国大范围地区来看，许多地区农村的公共体育服务财政投入的效率都非常低，这与我国当前公共体育服务发展状况具有非常密切的关系。我国的公共体育服务财政投入还处于一个起步阶段和低效率的阶段，很多地方政府的财政投入率值是无效的。

在产出方面，我国绝大部分地区的公共体育服务财政存在产出不足的现象，特别是体育社团、综合运动项目组织数、体育俱乐部产出出现了大面积的不足，涉及公共体育发展的各个方面，如体育指导员、单项运动项目组织数、体质监测达标率等。

## （二）我国公共体育服务税收政策存在的问题

### 1.税收激励手段单一

经济手段是开发体育财力资源最为重要和最具效益的手段之一。我国为了鼓励更多的资金流入体育市场，在税收政策方面给予了很多优惠，推动了我国体育领域的资金筹措和流转，在很大程度上增加了公共体育服务的资金投入。

当前，我国的公共体育服务税收政策激励方式，更多的是直接性的优惠手段，主要是直接减免税收，这一手段和方式简便、易操作，而且见效快、直观，但是适用时间不长，只能在特殊时期内被暂时使用。

相较于直接性的税收优惠，间接性的税收优惠政策（如投资抵免、退税、亏损弥补等）虽然对体育市场参与主体的吸引力不是很大，但是可以长期使用，进行持续有效的激励。

总的来说，我国的税收激励手段还较为单一，许多税收优惠政策及财政奖励政策的激励效果还有待进一步考察。

### 2.税收政策缺乏连续性和持久性

从当前我国体育领域的税收政策来看，公共体育服务税收政策呈现出临时性和非持续性的特点，缺乏连续性和持久性。

我国税收政策的临时性和非持久性多表现在为大型赛事服务方面上。例如，为支持 2008 年北京奥运会的举办，我国从 2003 年开始先后制定了一系列专门性的、涉及奥运会的生产经营方面的税收优惠政策，对包括营业税、增值税、印花税、企业所得税、个人所得税等在内的 11 个税种给予了免税待遇，奥运会结束之后，这些税收优惠政策也就不再实施。

### 3.税收激励政策缺乏

当前，我国公共体育服务税收激励政策比较缺乏，主要表现在以下几个方面。

（1）税收激励政策涉及面窄、不全面

我国公共体育服务涉及体育事业发展的方方面面，但是，就目前我国体育发展的基本国情来看，税收政策的覆盖面并不广泛，一些具有良好发展前景的产业，如体育创意产业、体育休闲旅游业、全民健身服务业、体育会展业等的税收优惠政策很少。

（2）税收激励政策优惠度小、项目不明确

由于体育产业受多种因素的影响，体育活动的开展涉及很多具体业务，因此我国的税收优惠政策很难做到具体、明晰，对于一些体育项目是否享受税收优惠并没有明确规定，一些体育经济活动（包括体育比赛）甚至还面临较高的赋税。

（3）税收激励政策缺乏变通、标准过于统一

以我国的体育场馆经营为例，当前我国用于群众性体育活动服务的体育场馆较多，在场馆经营方面，一些体育场馆由于缺乏经验，面临经营和管理不善等问题，难以为继，不同的体育场馆的经营状况差别很大，一些体育场馆甚至要靠与体育无关的经营来勉强维持运作。针对不同体育场馆，一些地方不能准确区分其性质（是营利性还是公益性），均按照统一要求征税，缺乏公平。

### （三）我国公共体育服务财政保障存在问题的原因

#### 1.公共体育发展阶段的必然体现

当前，我国正处于转型期，所建立的公共体育服务体系还不是很完善。我国在公共体育服务财政保障体系的建立、健全过程中存在的诸多问题均受到公共体育服务客观发展阶段的影响，这是不可避免的。

现阶段，政府在体育事业的发展方面的工作重心在不断调整，正处于向服务型政府转型的关键时期，同时，这一时期也是完善公共服务的关键时期，政府的一些工作理念、工作模式、工作方法都还需要一个逐渐转变的过程。

在我国公共体育服务刚刚起步的时期，许多政策、制度发展不完善，这是不可避免的，不应过多苛责，只要通过各方面的不断努力，这些问题一定会得到妥善解决。

#### 2.政府财政的"缺位"与"错位"

应该充分认识到，政府的财政有限，在体育方面的投入是一定的，不可能做到无限投入，且在有限的体育财政投入的约束下，相较于竞技体育，公共体育方面的投入相对较少，政府财政投入存在"缺位"与"错位"现象。目前来看，这一现象还会持续一段时间，需要一个转变的过程。

#### 3.分权化改革和地方政府竞争

改革开放以来，我国进行了财政体制改革，地方政府的财权进一步扩大，有了更多的财政收入和更大的支配自由。

首先，地方政府的收入来源发生了很大的变化，在财政制度改革前，地方政府收入主要依靠中央政府拨款；财政分权后，地方政府的收入与本地区经济发展直接挂钩。

其次，地方政府的财政余额流向发生了很大的变化。在财政制度改革之前，地方财政余额不会纳入政府的目标函数；财政分权后，地方政府可结合本地情况合理支配各项财政资源，真正成为地方税金的剩余索取者，成为具有独立经济利益的政治组织，这样有利于实现地方政府利益的最大化。

财政分权，对地方政府大力发展本地区的经济，实现经济效益的最大化具有重要的激励作用。在当前市场经济条件下，各地政府之间的竞争开始出现，这种竞争使得地方政府将更多的财政资源放在"低投入、高产出"的各项事业上，如竞技体育事业，这更能彰显政府的政绩，而对于关系民生的公共体育服务领域等，由于投入和产出不成比例，很多投入需要很长时间，十几年甚至几十年后才能看到成效，因此许多地方政府的工作重点并不在此。

**4.分税制财政管理体制不完善**

（1）财力层层向上集中

为了进一步完善中央税与地方税体系，取消非规范的共享税，我国实施分税制财政体制。

当前，我国各领域共享税种数量不断扩大，占全国税收的比重不断增加，地方税体系进一步弱化。目前真正属于地方主税种的只有营业税（不含铁路、各银行总行、各保险公司集中交纳部分）、房产税、契税等。

2012 年，营业税改征增值税，这一改革导致营业税在地方税务体系中的主体地位进一步被弱化，违背了分税制改革的"财权与事权统一原则"，各级政府间财权、财力不均衡。

（2）事权层层下放

随着我国的财政改革，一方面，国家财力上收；另一方面，政府事权层层下放。各级政府之间的事权下放对地方财政投入方向、投入力度等都产生了非常重要的影响。对于地方财政来说，有些地方的财政收入有限，因此在支出方面就要充分考虑财政资源的支配问题。一般来说，医疗、教育、基础设施等公共物品为刚性需求物品，而且要求财政支出大、不能随意缩减。这就导致地方政府在有限的财政投入上，对其他方面的投入更加谨慎。

地区间经济发展的不平衡，使得有条件的政府可以支出一部分财政资金用于公共体育服务建设，而对于那些财力比较紧张的地方政府来说，在公共体育服务方面则心有余而力不足。

（3）失效的政府间转移支付

政府间转移支付失效，主要表现在以下两个方面：

一方面，税收返还制度畸形。地方政府的财政支出与收入更多是考虑地方经济的发展，为了追求地方既得利益，地区间"马太效应"非常严重，财力分配不均问题很难在短时间内得到有效的解决。在公共服务方面，地方政府间的差距也较大，即使是同一地区，也很容易导致竞技体育与大众体育发展的不平衡。

另一方面，转移支付结构不合理。现阶段，政府间转移支付结构失衡现象普遍存在，目前，转移支付偏低使得地方政府没有足够的资金用于建设公共体育服务体系，这是我国各地政府普遍存在的一个问题。

5.缺乏科学系统的政绩评价体系

目前，我国还没有完全建立与我国国情相符合的科学的政绩评价体系，在体育领域，集中表现为片面强调经济指标，忽视公共服务指标。

长期以来，我国政府将工作重心放在经济建设上，对公共服务的关注相对较少，在公共体育服务方面的财政支出更是有限。尤其是竞技体育的社会关注度和影响力较大，为落实《奥运争光计划》，发展竞技体育更成为政府的政绩工程之一，这就更对公共体育服务建设造成了一定的冲击。

不得不承认，和竞技体育投入相比，大众体育服务投入大、见效慢，在这一情况下，部分地方政府更是长期以竞技体育金牌数量来衡量体育事业的发展情况，在大众体育财政投入方面更多地表现出一种"不作为"的姿态，忽视了公共体育的利益。

### 6.公共体育服务多元化投入不足

目前，我国公共体育服务主要依靠政府财政资金，缺乏市场化的融资手段，市场化程度不高。

调查显示，当前，我国不少省市设立了体育基金会，但基金会运作并不理想。在市场经济不断发展、市场化程度不断加深的今天，公共体育服务中的很多体育主体融入市场已经成为社会发展的必然要求，如果一味地依靠政府调控、指导，就很难做到可持续发展。

要想进一步建立和完善公共体育服务，就不能将公共体育服务停留在短期临时组织上，要充分发挥社会各方面的力量，在政府与民众、企业、社会之间建立起一个互惠互利的利益融合点，加强社会力量对公共体育活动的资助回报，提高社会力量兴办公共体育活动的积极性和自觉性。

### 7.公共体育服务财政管理粗放

公共体育服务财政管理粗放是当前农村公共体育服务财政投入不合理和产生各种问题的重要原因。具体分析如下：

第一，公共体育服务财政资金缺乏统筹安排，项目重复，投入不足，效果不明显。

第二，缺乏公共体育服务财政资金使用导向。社会资金不能得到有效和充分调动，社会资金闲置现象严重。

第三，在公共体育服务财政投入方面重支出、轻管理。政府财政资金不能得到有效利用，要么有资金无项目，要么有项目无资金。

第四，缺乏对公共体育服务财政绩效的有效评估。在经费管理方面效率低，不能充分发挥财政投入的应有效益。

# 三、我国农村公共体育服务财政保障体系的构建与完善

## （一）提高农村公共体育服务财政保障能力

《乡村振兴战略规划（2018－2022 年）》提出，"坚持财政优先保障""建立健全实施乡村振兴战略财政投入保障制度，明确和强化各级政府'三农'投入责任，公共财政更大力度向'三农'倾斜……加大政府投资对农业绿色生产、可持续发展、农村人居环境、基本公共服务等重点领域和薄弱环节支持力度，充分发挥投资对优化供给结构的关键性作用"。治理农村公共体育服务是完善农村基本公共服务的重要内容之一，同样需要增强公共财政保障能力。因为只有这样，才能在现有基础上加快推动农村公共体育服务供给侧结构性改革，增加农村公共体育服务总量，确保新时代更多农民真正享受到普惠性、兜底性、基础性的体育福利。

首先，建立城乡一体化的体育财政供给制度。国家要加快推进城乡基本公共服务制度并轨，进一步完善城乡不同领域基本公共服务的配套政策，做好城乡公共体育服务政策之间的衔接，尽快建立起可衔接转换的一体化的城乡公共体育服务财政制度。其次，增强基层政府体育财政能力。地方财政部门要加强与相关领域改革部门的协同配合，尽快调整不同层级政府之间的财政分配格局，合理划分省级、市级、县级、乡镇等政府部门在公共服务领域的事权与支出责任，构建财权与事权相匹配的公共财政体制，确保县、乡镇政府有足够的财力开展农村公共体育服务工作。再次，优化体育事业财政支出结构。体育行政部门要加快调整新时代体育事业发展重心，逐步优化体育事业公共财政支出结构，不断增加群众体育事业经费在体育事业经费中的比重，提高乡村体育事业的财政支出比重。最后，强化农村公共体育服务财务管理。相关部门要加强对不同公共体育财政资金使用情况的监督检查，防止农村公共体育服务财政资

金被挤占挪用，确保财政资金发挥最大社会效益。

## （二）完善财政资金资源配置指导思想

### 1.树立综合平衡的思想

从宏观角度来说，我国农村体育事业的发展是农村体育事业整体综合协调发展，在新时期，要确立农村公共体育服务财政保障体系的合理构建理念，就必须树立综合平衡配置思想，充分认识到体育的特有属性，不断加强农村公共体育服务，不断提高体育服务水平，不断增加体育市场供给，不断促进体育事业与产业的协调发展，以新发展理念为指导，优化配置体育财政资金资源。

### 2.树立高效利用的思想

我国人口众多，人均可用体育资源十分有限，而体育是一种资源高度消耗的活动，在农村公共体育服务资金资源的支配方面，必须充分强调体育资源的高效利用，使所有的体育资源都能物尽其用。

尽管我国在农村公共体育服务财政投入方面做出了许多努力，但我国农村公共体育可利用的资金资源仍然十分有限，当然，经费不足不是不提供服务的理由，对于农村公共体育服务经费的保障来说，首先要制定严格的制度和合理的管理方法，另外，在经费的使用方面要做到透明、公开，使每一分钱都能发挥它的最大作用。

## （三）增加多元化的财政资源投入

我国是一个体育资源相对匮乏的国家，而能够运用到公共体育领域的资源就更加稀少了，这种情况在短时间内不会有明显的改变。公共体育服务经费是公共体育服务的重要保障，可以说，没有经费的支持，很多公共体育服务都无法进行。

### 1.发展公共体育经济实体

在农村公共体育服务建设过程中，经费投入必不可少，运动器材、运动场地以及竞赛活动的开展等都需要一定的资金投入。有学者建议，在我国公共体育服务财政投入体系建设过程中，公共体育资金投入应该达到常住人口人均1元以上，并逐年有所增加。在发展公共体育的过程中，有关部门应鼓励、支持建立相关的公共体育经济实体，使其创造一定的经济效益。

为了满足全体农民不断增长的体育需求，国家应通过各种途径加大对农村公共体育建设的投入。

第一，想方设法筹集经费，建设体育场地设施。

第二，通过财政拨款支持体育场地设施建设。

第三，用本乡镇的创收经费修建体育场地设施。

第四，从各类社会募集资金中切块下拨经费建设体育场地设施。

### 2.进一步发展体育彩票

体育彩票是国家筹措体育资金的一项有效措施，现在已经成为筹措体育经费的重要方式。作为一种融资手段，发行体育彩票可以吸纳社会闲置资金，有效缓解当前我国农村公共体育服务需求增长与国家财政投入不足的矛盾。

20世纪末，国家体育总局开始利用体育彩票公益金发展全民健身工程。这些健身场地、设施的投放使用，在一定程度上使农村健身场地、设施不足等问题得到了缓解。当然，一些特殊的体育服务还可以适当向群众收取一定的费用，但应注意这种收费不应以营利为目的。随着我国对开展全民健身事业支持力度的加大，我国各地的体育设施建设不断完善，大大提高了全民健身的物质条件，为大众体育的发展提供了便利。

### 3.建立完善的体育基金

体育基金是一种利益共享、风险共担的集合投资方式，由基金托管人托管，由基金管理人管理和运用资金,基金投资人享受投资的收益,并承担亏损风险。

体育基金在很大程度上也能充分发挥体育融资的作用,对于盘活体育存量资金具有重要作用。同时,基金的投资者可以获得一定的收益,这对于吸收社会体育资金来说是一个非常好的措施。

### 4.利用资本市场融资

当前,我国大力发展体育事业,体育产业面临良好的发展机遇,因此要充分利用这一契机,有效借鉴发达国家利用证券市场促进体育产业发展的经验和办法,积极培育我国的体育资本市场,引入社会资本发展体育产业,借助证券市场解决我国体育产业发展资金不足的问题。

## (四)健全公共体育服务财政体系

### 1.完善公共体育服务税收立法

现阶段,针对我国公共体育服务相关税收政策的实行,应进一步加强立法工作。具体应做好以下两方面工作:

一方面,明确具体的没有规定税率的体育项目,将其归入文化体育业税目。另一方面,将一些休闲体育运动项目归入服务业中的其他服务业税目,按照5%的税率收税。

### 2.调整公共体育财政投入结构

长期以来,我国都十分偏重竞技体育,相对轻视群众体育,这种现象不利于我国体育事业的长期发展,因此必须调整财政投入结构,从根本上改变这一不良现象。

现阶段,有必要调整公共体育财政投入结构,在支持竞技体育快速发展的同时,不断加大对群众体育的投入。具体应按照《全民健身计划纲要》的要求,做好以下工作:

第一，增加群众体育事业投入，为公益性体育事业单位正常开展体育活动提供必要的经费。

第二，为半公益性体育事业单位正常开展体育活动给予适当的经费补助。

第三，为经营性体育事业单位正常开展体育活动提供适当的税收减免政策。

### 3.完善体育资源价格体系

面对有限的公共体育服务财政投入，最大化地、高效地利用体育资金资源是建立农村公共体育服务财政保障体系的必然要求。

当前，一些地方政府在体育财政资金投入方面的粗放式配置现象比较严重，体育资源的价格体系不健全和不合理，即使某些体育资源供不应求，其价格也可能长期低迷，这样下去，市场机制调节中资源的配置效率也必然低下。

为了更加方便地配置体育资源，建立健全集约式体育资源配置机制，就必须完善现有的体育资源价格体系，使体育资源的价格体系能真正反映市场需求。具体应做好以下工作：

第一，在市场经济条件下，体育市场的供求关系受收入水平、市场规模、市场需求以及消费者偏好等因素的影响。体育供求决定着体育资源的合理配置。因此，应时刻关注影响体育资源配置的收入水平、市场规模、市场需求以及消费者偏好等因素的发展、变化，适时对体育资源的配置进行调整。

第二，政府应大力鼓励非国有体育经济组织（企业）的发展，使更多的个体、私营以及外资等体育经济组织参与配置体育资源，促进体育资源产权主体的多元化，将体育产业的资源配置以及体育经济组织的经营与管理交给市场。

第三，政府应有针对性地对体育产品实施管理，并结合体育产品的特性合理制定价格。应针对营利性的体育产品，实施宏观调控手段，规范市场秩序，杜绝不正当竞争；针对公益性体育产品，给予必要的财政补贴或税收优惠。应进一步优化体育产品的价格结构，为体育产品利益主体提供正确的市场方向，引导市场中体育资源的合理配置。

## （五）加强公共体育服务财政管理

### 1.加强公共体育服务财政监督

加大公共体育服务财政监督力度，促进公共体育服务财政信息公开、透明是当前我国农村公共体育服务财政保障体系构建的一个工作重点和突破口。

当前，必须进一步加强公共体育服务的财政监督，通过法律的手段，建立健全体育财政监督制度。国家法律体系的逐步建立与完善，有助于推动各种体育政策、法规体系的完善，使社会体育活动的开展有法可依、有章可循，使人们的合法体育权利受到法律的保护。

### 2.建立公共体育服务财政激励机制

一方面，对于公共体育服务保障较好的地区，中央财政应给予激励性奖励，给予财政补贴。

另一方面，对于企事业单位对社会开放体育场馆等公共体育资源的管理，政府应给予财政奖励政策。

### 3.加强公共体育服务财政绩效评估

现阶段，加强对财政预算的管理和绩效评估，有助于提高我国公共体育服务财政投入的使用效率。具体应做好以下工作：

第一，建设节约型社会，打造高效廉洁政府。

第二，营造良好的预算管理改革政策执行氛围。

第三，顺应分税制改革形势，将公共体育服务的财政预算管理改革重心转移到优化预算支出规模和结构上来。

# 第六章　乡村振兴战略下农村公共体育
# 服务的治理路径——其他体系建设

## 第一节　农村公共体育服务
## 组织体系建设

农村公共体育服务组织体系是农村公共体育服务体系的重要组成部分，是保障农村公共体育服务系统正常运行的基础，因此必须加强农村公共体育服务组织体系建设。

### 一、农村公共体育服务组织体系建设存在的问题

当前，制约农村公共体育服务体系组织建设的诸多问题可以归纳为三个方面：其一，体育组织发展的合法性问题；其二，体育组织发展过程中的资源约束问题；其三，体育组织发展中所遇到的结构性阻滞问题。这三个问题是当前建设与发展体育社团组织需要着力解决的问题。

（一）体育组织发展的合法性问题

合法性是一个内涵异常丰富的概念。从某种程度上来说，合法性既可以是

法律层面的概念，也可以是一个社会系统所共同遵从与信仰的一套价值体系。关于体育组织发展的合法性问题，往往可以从社会合法性、行政合法性、政治合法性和法律合法性几个方面来理解。

**1.社会合法性**

组织的社会合法性在于因符合某种社会正当性而赢得一些民众、一定群体的认可。组织的社会正当性主要有三种基础：一是地方传统；二是当地的共同利益；三是有共识的规则或道理。一个组织要在一个地方立得住，至少应该具有其中一个根基。对服务于农村的体育组织来说，传统具有不容否认的正当性。农村社会力量的不断发展逐渐催生出数量众多的社会组织，这类组织虽未得到政府以及相关行政管理部门的明文认可，但其契合了基层社会的各种需求，因此被民众广泛认可，在农村居民的日常生活中扮演着十分重要的角色。

社会合法性基于社会生活的逻辑，与社会领域的道德、价值规范相契合。由于与社会道德、社会文化规范相吻合，具备社会合法性的组织能够在农村发挥较为良好的社会整合、公共服务供给等功能，所以具备社会合法性的农村体育组织不但在民间具有广泛的群众基础，往往也能得到政府的许可与支持。

**2.行政合法性**

行政合法性是一种形式合法性，其基础是官僚体制的程序和惯例。行政合法性对我国体育组织及其活动具有非常特殊的意义。在某种意义上，我国的社团管理是以单位为基础的行政体系的延长。行政合法性对普遍缺乏法律合法性的农村体育组织来说具有较为实际的意义。农村体育组织如果只在基层拥有一定的社会合法性，那么它们只能在一个很小的范围内活动。但是，如果它们被纳入行政体制之中，那么其将超越草根社会组织的局限性，获得行政合法的身份。

### 3.政治合法性

相较于行政合法性强调合法性的形式，政治合法性则重视合法性的实质内容，如重视农村体育组织的服务宗旨、活动内容、意图、意义等是否符合主流意识形态的主张，若符合主流意识形态则被视为具备政治合法性，反之，则被认为不具备政治合法性。政治合法性对社团组织的存在和发展来说都是至关重要的。而对一些农村体育组织来说，在尚不具备法律合法性和行政合法性的情况下，它们一方面用社会文化的合法性来表达其诉求，另一方面则用政治合法性来应对行政部门的检查，往往因此而免于被追究。

### 4.法律合法性

法律合法性是指符合某区域当前的法定规范，从而获得了合法的身份与地位。事实上，虽然可以对合法性做出四种不同内涵的解读，但法律合法性是合法性中最为核心的要素。同时，法律合法性也构成了其他三类合法性的基础，其他三类合法性都可以在法律合法性中寻找到文本上的缩影。因此，农村体育组织具有法律上的合法性是非常重要的。

## （二）体育组织发展的资源约束问题

资源是人类赖以生存和发展的物质基础，在社会经济活动中用以创造物质财富和精神财富的具有一定量的积累的客观存在形态。从宽泛的角度看，资源可以指向人类存在与发展所需的经济资源、文化资源、组织资源，其中，不仅包括我们所熟知的人力、物力、财力等有形资源（如体育管理人员、社会体育指导员、体育志愿者、体育场地设施、体育器材、体育经费等），还包括各种体育信息、管理制度、政策法规乃至社会舆论等无形资源；不仅包括已经被人们所认识到的各种显性群众体育资源，还包括各种即将被人们所认识的潜在群众体育资源；不仅包括各种物质性的群众体育资源，还包括各种观念性的群众体育资源；不仅包括各种可以直接运用的发展群众体育的直接群众体育资源，还包括那些虽不能直接运用但可通过一定条件转化并为群众体育提供支持的间接群众体育资源等。

体育组织作为一类社会实体，其存在与发展必然需要具备一定的资源条件。资源条件是体育组织良性运行的先决条件。尤其对资源较为短缺的农村体育组织而言，其要想实施专业化的运作就要有相应的专业化结构与技术作为支撑，专业化的技术人才、技术支撑均需耗费大量的资源。同时，维系体育组织的运行还需要较多的经费。因此，资源条件将在很大程度上决定体育组织的运行状况。但从当前的具体情况来看，资源短缺仍然是制约农村体育组织发展的重要条件。由于资源短缺，一些体育组织采用了依附性的生存策略——或挂靠，或结构性依附，即通过依附政府而获得组织生存发展所急需的各类资源。依附政府，虽然有利于体育组织获取发展资源，但将在较大程度上降低体育组织发展的自主性，难以获得自生长的能力。

## （三）体育组织发展的结构性问题

结构是与功能相关联的，有什么样的结构，就会出现什么样的功能，组织结构内在地决定了组织运行的态势与模式。不同的体育社团组织往往具有不同的组织结构。从当前活跃在基层社区的体育社团组织的结构来看，可以粗略地将其划分为两种类型：

第一种是具有正式科层组织结构的体育社团组织。马克斯·韦伯（Max Weber）是较早提出科层制管理理论的社会学学者。他认为理性科层制是现代社会运行最为重要的因素，而其中包含着不断形成的精确性与合法性，这些精确性与合法性是占统治地位的社会组织所必须具备的。通常而言，科层制是一种依托于正式规则的管理方式，科层制组织大多具有精细的分工与较为复杂的规章、制度体系。其主要特征包括以下几点：第一，分工明确；第二，职权等级明晰；第三，规章制度体系明确；第四，私人关系和公务关系分离；第五，量才用人；第六，管理权依附于职位，而不依附于个人。一直以来，科层制都是现代社会组织管理的重要方式。

第二种是不具有正式组织结构的松散健身组织。这类健身组织少则数人，多则数十人，一般规模较小，依靠几个核心人物的联系来开展体育活动。由于组织规模不大，组织对于成员的进入与退出也没有十分严格的界限，因此组织的运行方式相对没有正式组织那么严格，组织活动开展的随意性较大。也正是由于组织的规模较小，组织进一步成长乃至获取合法身份的意愿较弱，所以这类组织基本没有正式的法定身份。组织依靠社会领域广泛的认同而无拘束地开展社团活动。非正式的健身社团依靠基层的"能人"开展活动，"能人"凭借自己的社会关系网络、社会资本迅捷地动员与聚集组织成员，并以自己独特的动员方式将这些组织成员较为稳定地团结在自己身边。

从当前农村体育组织的构成来看，小规模的非正式健身组织所占比重较大。调查发现，我国的群众体育参与仅有 17.2%是由组织发动的，群众体育动员中，社团组织表现乏力；与此同时，一贯发挥重要作用的政府及其关联部门也未能在群众体育参与中发挥有效的动员作用。数据显示，政府部门或村民委员会仅动员了 9.1%的体育参与，另有 10.9%的体育参与是由单位组织动员发动的。因而，高达 54.9%的农村居民则是通过自发组织的形式参与体育活动的。可见，当前我国群众体育活动的开展，表现出较强的自组织运行特征——较多的群体活动依靠群众自发形成的非正式组织形态所动员发动。

对正式组织而言，组织依据其正式的制度以及科层架构自行治理组织，受制度的刚性约束，组织的日常运行较为正式、严格。与非正式的健身组织"以一人之力治理组织"所不同的是，正式的体育组织一般规模较大，组织运行需要专业化治理,因此组织内部会有明确的分工,这使得其治理结构表现出以"一群人之力治理组织"的特征。正式组织内部治理精英的结构及其互动关系对组织运行的影响较大,往往具有良好精英治理结构的体育组织,其运行状态较为良好。调查发现,一些运行状态不佳的体育组织,从治理结构看,其精英构成是存在较大问题的,比如说某些组织内部的精英治理结构单一,依靠某一类型的精英主导组织的日常运行,单一的精英意味着单一的资源背景,这显然是不利于组织运行的。当然,对正式的体育组织而言,尽管有正式的科层架构存在,但由于大多数正式体育组织本身处于整体的非权力网络之中,所以组织的很多日常运作仍然较多地受到非正式权力的影响。

## 二、农村公共体育服务组织体系建设的根本目标

依据我国公共服务体系构建的整体目标,结合公共体育服务组织体系发展的实际,提出当前阶段我国农村公共体育服务组织体系建设的根本目标。

### (一)保基本

公共体育组织服务作为国家运用公权力与公共资源所提供的一项公共服务,其服务的标准与水平应当与我国群众体育发展的实际以及政府公共体育服务的供给能力相适应。通常来说,政府有限的财力无法也不能满足不同社会阶层多元化、差异化的全部组织服务需求,因而,政府所提供的公共体育组织服务所立足的只能是基本层面的公共体育组织服务,所面向的只能是村民诉求中最为强烈的公共体育组织服务需求。就当前而言,由于我国农村经常参与体育锻炼的人口总数仍然很低,因此基本层次的公共体育服务应当立足于如何确保农村居民能够有效地参与体育锻炼,故这一阶段的公共体育服务应当将重心放

在农村居民参与体育锻炼的各种必要性条件的保障之上。

就组织建设而言，应当立足于基层，依托现有的各类人群体育组织、单项体育组织、行业体育组织，依靠村委会等，努力将各类组织建设发展到基层农村，实现网络化的组织发展与建设布局，从而有效地发挥各类组织的互补功能，吸纳与发动不同民族、不同年龄、不同兴趣爱好的群众广泛地参与体育锻炼。当然，强调公共体育组织服务的基本面向，并不是说公共体育组织服务的供给标准与供给水平是固定不变的。事实上，随着经济社会的发展，随着国家公共体育服务供给能力与供给水平的提高，公共体育组织服务的标准也会相应提高。伴随国家经济社会发展水平的提高，公共体育服务组织建设的领域将不断扩大，服务的群体将不断增加。

## （二）广覆盖

农村公共体育服务的对象为全体农村居民，因而，我国农村公共体育服务组织体系的建设应当立足于国家层面，使体育组织的服务能够覆盖全国所有的区域，使公共体育组织服务能够惠及全国各族农村居民。

当前，我国的群众体育发展尚存在较为严重的区域不平衡现象，经济发达的东部沿海地区，体育发展的组织条件比较成熟，依托人群体育组织、单项体育组织、行业体育组织以及各类松散的非正式健身集群的动员与聚集效应，东部沿海地区的一些农村形成了各类组织网络化发展的格局，组织的触角已经延伸到村民身边，组织的覆盖面广、辐射能力强。相较于东部沿海地区农村的广覆盖，我国中西部的农村地区，由于经济发展相对滞后，群众的生活方式受传统的习俗影响较大，人们的体育参与意识相对淡薄，由此制约了各类体育以及健身组织的产生和发展。在这些区域中，建设与发展体育组织仍存在较大的观念、器物层面的阻力，因此建立健全农村公共体育服务体系，应当充分考虑区域平衡的问题，使打造与构建的公共体育服务组织体系网络能够真正覆盖不同区域的村民，使不同区域的村民都能够受惠于这一动用公共财政建设的体育服务。

### （三）可持续

建立健全农村公共体育服务体系，从本质上看，应当保证农村公共体育服务体系发展的可持续性，这意味着建设的农村公共体育服务体系应当能够稳定地、长期性地为农村居民提供公共体育服务。公共体育服务体系自身的稳定性以及公共体育服务体系自身所具备的可持续的发展能力是公共体育服务体系建设的应有之义。作为农村公共体育服务体系的重要组成部分——农村体育组织体系也应当充分体现公共体育服务体系运行的这一特征。因此，农村公共体育服务组织应始终注重体育组织可持续能力的提升，应通过一定的制度创新与机制建设，使公共体育服务组织体系具备可持续的发展能力。当然，随着国家公共服务整体水平的提高，全国各族人民基本服务需求的增加，农村公共体育服务组织体系也将不断做出调整，以满足全体农村居民基本层面的体育需求。

## 三、农村公共体育服务组织体系的构建：多元参与合作模式

随着农村经济的不断发展，公共体育服务垄断式传统供给模式越来越难以适应农村公共体育服务组织体系建设的需要，寻求市场、社会多元力量的合作，探索公共体育服务的市场化和社会化供给成为呼应现实需求的逻辑原点。广大农村居民的体育需求是创新农村公共体育服务组织体系的动力，而构建政府主

导、社会参与、市场配置的多元参与的合作模式则是促进农村公共体育服务治理现代化的重要举措。因此，处理好政府与市场、社会组织之间的关系就显得尤为重要。

## （一）政府与市场：掌舵者、划桨者

以前，公共体育服务主要由体育行政部门供给，这在一定程度上导致公共体育服务的供给效率不高，无法满足人民日益增长的公共体育需求。《中共中央关于全面深化改革若干重大问题的决定》指出："政府要加强发展战略、规划、政策、标准等制定和实施，加强市场活动监管，加强各类公共服务提供。加强中央政府宏观调控职责和能力，加强地方政府公共服务、市场监管、社会管理、环境保护等职责。推广政府购买服务，凡属事务性管理服务，原则上都要引入竞争机制，通过合同、委托等方式向社会购买。"随后，以市场化的方式运作公共体育服务的做法在体育领域越来越常见。

通常来说，政府应该集中精力、时间为公共体育服务"掌舵"，牢牢把握其目标性、根本性任务，而不是忙于本该属于市场的"划桨"这样的具体、细节的事情。一方面，政府应从繁杂的公共体育服务事务中脱离出来，专心于公共体育服务法律法规和政策环境建设；另一方面，应充分调动市场主体的积极性和专业性，引入竞争机制，从全体人民的体育需求出发，提高公共体育服务的满意度。从其他国家的经验来看，政府可采用委托生产、合同外包、特许经营等方式，将体育民生项目交给市场化的公司来做，充分发挥政府和市场的各自优势，这样既节省了人员、经费，提高了供给效率，又能确保公共体育服务的社会效益。

要想正确发挥作用，政府就要改变原有的"全能式"的领导和干预方式，把一些本该由市场做的事还给市场，尊重市场机制，同市场形成一种良性的

"互助"关系。目前，市场参与公共体育服务供给仍然有很长的路要走，无论是参与体育设施建设、承包经营体育场馆，还是受政府委托推广体育项目、组织业务培训、组织群众性体育竞赛等都还有巨大的潜力可挖。因此，政府应采取一系列措施来促进市场经济的发展，推动公共体育服务的发展。具体来说，包括以下几个方面：首先，应建立一套有效的激励机制，提高企业参与公共体育服务的积极性，提高政府公共体育服务行政效率。其次，科学研制公共体育服务标准及规则，加强过程监督，确保公共体育服务的效率和公平，对市场本身的自发性和盲目性予以规范和引导。最后，要尊重市场规律，充分发挥市场的作用，尽可能少做调控公共体育服务市场的决定，除非市场自己无法调整。只有政府和市场相互依存、良性互助，公共体育服务的构建才能成为现实。

## （二）政府与社会：官民合作、共同治理

从西方发达国家公共体育服务的经验来看，体育社会组织具有政府和市场都不具有的独特能力，它更加贴近普通民众，了解公众的体育需求，能够灵活、多样地提供公共体育服务。政府提供的公共体育服务往往具有基本性、公共性和普惠性，也就是说，政府在基本公共体育服务供给方面具有优势，能够发挥规模经济优势和资源动员优势，但面向特定人群提供个性化的公共体育服务时，政府有时就会显得信息不灵敏、定位不准确。相比较而言，我国无论是在法律上还是在政策上都对体育社会组织有一些限制，一方面希望体育社会组织在某些领域发挥作用，另一方面又担心其发展壮大可能会影响政府职能的发挥。在公共体育服务产品的生产和供给方面，还会存在着"政府失灵"和"市场失灵"的双重困境。

通常，政府部门式供给忽视了不同地区、不同群体特殊的公共体育服务需求，容易导致公共体育服务供给的错位和缺位；而企业为了追求利润和市场最

大化，也缺乏生产和供给公共体育产品的积极性和主动性。体育社会组织数量众多、形式多样、覆盖面广、渗透力强、灵活机动，可以填补公共体育服务供给的空白，发挥自身的独特作用。

### 1.树立官民合作共治理念

政府在某些农村公共体育服务领域有选择性地、部分性地退出，主动寻求与体育社会组织在公共体育服务建设方面的合作，形成"优势互补、相得益彰"的发展格局。

### 2.明确政府与体育社会组织的权责

体育社会组织同样也有追求自身利益的目的，在公共体育服务供给的过程中也存在"志愿失灵"的潜在风险。政府可以通过规章制度的顶层设计和购买体育社会组织公共体育服务等方式，防止体育社会组织供给出现偏差。体育社会组织应明确自身职责范围，主动设计委托、购买、评估、问责等相关程序，明确公共体育服务项目、标准。

### 3.积极培育体育社会组织

政府在不断提高对体育社会组织扶持力度的同时，还要综合运用政策、经济、法律等手段对体育社会组织进行规范和管理，确保体育社会组织能向广大农村居民提供高质量的体育服务，满足农村居民多样化的体育需求。例如，某地在建设基本公共体育服务体系的过程中，实施"3＋2"模式，充分发挥体育社会组织的作用，建立了"政府主导、社会参与、全民共享"机制，即每个乡镇必须成立体育总会、老年人体育协会和社会体育指导员协会，成立两个及以上单项体育协会，实现体育社会组织乡镇全覆盖。政府应通过对体育社会组织等级评估、购买服务、免费培训等措施，促进体育社会组织向更加专业和规范的方向发展，为广大农村居民提供优质的公共体育服务。

# 第二节 农村公共体育服务监管
# 与绩效考核体系建设

随着"加快行政管理体制改革,建设服务型政府"理念的提出,发展公共服务成了政府工作的重点,也成了社会关注的焦点与热点。公共体育服务作为公共服务的一项重要内容,也备受关注。

从理论上讲,公共体育服务本应发挥维护社会公平的作用,参与体育、享受体育带来的乐趣是所有公民的权利。但是,对于必须提供的公共体育服务的标准,我国政府的定位还不够清晰,政府和市场的分工边界模糊,缺乏针对各级体育行政单位的公共体育服务绩效考核体系,从而导致工作目标偏离。因此,要想提高公共体育服务水平,还应建立一个高效的公共体育服务监管和绩效考核系统。关键之处在于建立以社会公正为导向、以提升公众满意度与参与度为基本目标的政府公共体育服务监管和绩效评估指标体系。

从现实层面来说,在建设"服务型政府"的大背景下,构建公共体育服务监管和绩效考核体系,对于政府公共体育服务质量和公民满意度的提升有很大的作用。

## 一、农村公共体育服务监管体系建设

### (一)我国农村公共体育服务的监管问题

#### 1.监管主体问题

农村公共体育服务是社会公共体育服务的一部分,其监管主体与社会公共体育服务的监管主体相似。社会公共服务体系是一个多领域、多部门协同管理的体系。资产所有者、政策制定者、监管者以及付费者等多角色的存在，不可避免地导致了利益冲突，以及购买公共服务流程中的职责不清。

当前多由工商部门、物价部门、财政、卫生等部门行使我国的公共体育服务监管职能，同时体育行政机关作为专门提供公共体育服务的部门也具有体育监管职责。

2.监管运行问题

依法治国是党领导人民治理国家的基本方略，依法治国要做到"有法可依、有法必依"，同样"依法治体"就要有公共体育服务法律体系，但是我国在这方面的法律法规缺失，无法明确公共体育服务的主体，同时也导致行政部门、非政府组织、企业、个人等公共服务提供者法律关系模糊不清，缺乏明确的职能定位。对于行为是否"越位""缺位""错位"，相关公共体育服务提供者无法判定，缺乏相应的标准，进而导致各部门无法有序、合理地推进公共体育服务建设。

从法律规则来讲，法律、法规及规章制度的冲突与矛盾无法协调部门或者地方利益，难以体现公正公平。从行业标准建设来说，起步晚、低水平、数量少、结构性缺失等问题一直困扰着我们，只有解决了建立体育标准化体系这个核心问题，才可以稳步地推进各项工作。

3.其他问题

在公共体育服务领域，政府长期集多种角色于一身，采用包办形式，通过行政体系完成公共体育服务供给。但是，随着改革开放的不断深入，我国市场经济体制逐步建立并得到完善，人民的物质生活得到了极大的丰富，群众参加体育运动的热情高涨，对公共体育服务的需求增加，长期由政府包办的公共体育服务也悄然发生着改变。主要表现在两个方面：一是政府不断改变其管理方式，市场激励机制更加明显；二是私人机构和部门加入公共体育服务领域的热情高涨，私人部门提供公共体育服务时无法避免市场失灵问题。目前来看，这种改变是积极的，但改变速度还需加快。具体到农村公共体育服务的监管上来说，其还存在以下几个问题。

（1）管办不分

目前，与各项事业发展有关的人、财、物等要素依然主要掌握在政府手中，政府并未从根本上改变其扮演多种角色的情况。

监管的独立性是监管最关键、最本质的特征。公共体育服务监管独立性的缺失，就使监管成了公共部门内部的治理机制，自己监管自己的机制，也就是我们说的管办不分，这种情况在农村公共服务监管中尤为明显。

公共服务内部治理机制与私人内部治理机制存在较大差异的原因是政府主管部门不能真正扮演剩余索取者和剩余控制者的角色。但是现实中政府集多种角色于一身，公共服务部门和私人部门的冲突，以及公共服务提供的效果和效率不佳的症结就在于此。

（2）缺乏完善的监管规则

根本法与普通法、国务院颁布的行政法规、行业主管部门及其他部门发布的规章制度依次构成了我国公共服务监管规则体系的四个层次。除此之外，地方政府也可经过授权后制定适当的地方性法律法规。随着经济体制的转轨，我国公共服务监管规则存在一些问题：一是法律的更新换代不能跟上新时代、新形势的变化；二是不同部门、地方与国家的法律法规存在一定的冲突和矛盾。另外，监管独立性的缺失，往往导致规则制定缺乏公平性，监管规则难以有效执行，"有法不依、执法不严"问题依然存在。

（3）公共服务问责机制不健全

公民和政府之间的"表达"、政府与提供者之间的"协约"、客户与提供者之间的"客户权力"和提供者内部的"治理"是世界银行提出的四种问责机制。目前我国主要的问责机制是政府对公共服务提供者的问责。但是，公共服务问责机制在没有监管独立性的条件下很难发挥效力。公共服务的主要提供者——政府，在内部治理中，用行政机构而不是理事会机构来治理，更加凸显了提供者的"行政化"特征。另外，在我国现有的国情下，公共部门垄断并未完全消除，公民力量相对薄弱，传达机制不健全，这些也在一定程度上导致我国公共服务问责机制薄弱，公共服务供给质量和效率低下。

因此，为了保证公平竞争，建立"公平、透明、独立、专业"的问责和监管体系刻不容缓。

## （二）我国公共体育服务监管体系的构建原则与基本思路

现代监管制度是一种规则的、独立的、专业化程度高的监督管理模式，是实现市场自由公平竞争、信息公开透明的一种重要手段，符合市场经济和法治社会的发展规律。

### 1.构建原则

构建我国公共体育服务监管体系需要参照以下六个原则：第一，保证市场主体公平交易；第二，监管规则和监管过程透明、公开、可问责；第三，建立专家队伍，专家团队除公共服务监管所必需的律师、会计师、财务分析师等，还应聘请体育行业专家；第四，务必做到执法必严、违法必究；第五，监管必须具有独立性；第六，完善对监管者的监督和考核制度。其中，建立严格的问责制是行政管理体制改革和监管体系建设的核心任务，也是建立依法行政的现代行政管理体制的基本要求。

### 2.基本思路

（1）监管机构的独立性和权威性

监督机构、政策制定机构和服务提供机构要相互分离开来，保证市场的公平、公正和公开，使各种性质的服务提供者都可以公平竞争。

（2）监管规则和监管程序的透明性

相关部门要根据不同性质的产品和服务来制定监督管理规则。在监管内容上，要对市场准入、主体资格、服务质量、服务价格、竞争秩序等有明确规定。同时，公开透明的监管程序也是必不可少的。

（3）监管行为的可问责性

现代监管体系中包括自由问责的环节，在这一要求下，独立而且专业的监管机构代替了过去长期维持的自我制定政策，这样就可以在一定程度上防止监管失职行为的发生。同时，要建立有效的问责机制，发挥社会组织和社会舆论的监督作用。

## （三）我国公共体育服务监管体系的主要内容

### 1.明确监管主体

在社会主义市场经济条件下，必须充分发挥市场在资源配置中的决定性作用，通过经济来决定一切，而非由其他的人为因素来决定。政府应发挥"有形之手"的作用，在不扰乱市场秩序、不影响市场配置资源的情况下，依法对关系到人民群众重大生命财产安全的领域、对市场失灵的领域、对严重扰乱市场秩序的行为进行监管。建议成立独立于各省、市体育局外的体育监管部门。各省、市人大设立公共体育服务监管委员会，省、市社会工作委员会设立公共体育服务监督管理部门，地方各级政府也要设立独立的监督机构，并由这些机构统一负责原体育局公共体育服务的监管工作，并对各省、市体育局进行监督和协调。同时发挥社会机构、公众、媒体在公共体育服务领域的监督作用，明确监督地位。

## 2.合理区分各级政府职责

行政管理体制改革要求按照权责一致原则划分中央和地方政府的市场监管职责。因此，中央政府需要担负起制定战略规划、政策法规和标准规范的责任，以推动监管体制改革。中央监管机构可以设立垂直机构来监管全国范围内或跨省区的经济社会问题。而地方政府应该把更多的精力转到维护市场秩序、承担执法监督职责上。各级政府要完善公共体育服务监管法律法规，制定操作性强的监管法规实施细则，明确各监管主体职责，做到"有法必依"，同时要强化同样是公共体育服务监督主体的社会机构、公众和媒体的法律地位。

## 3.培育专业化行业监管部门机构

在现代，任何领域的发展都需要更加专门化和专业化的机构和人才来完成。在公共体育服务监管中也是如此，体育服务监管涉及的专业部门较多，如工商部门、体育部门、教育部门等。培育专业化行业监管部门，是各国强化公共服务监管的主要做法之一。

## 4.实行人事和经费特殊管理

监管机构要在总的监管原则下进行监管行为，并且它的监管行为需要在政府的宏观政策约束下进行。与传统的行政部门相比，监管机构更加依赖法律赋予的责任，具有更大的自由度和监管权力，具有较好的独立性。为了保证这种独立性，就需要为这些监管机构制定特殊的人事和经费管理制度，事实证明这是非常有必要的。

## 5.强化多渠道的传媒和公众监督

信息是支撑现代社会迅速发展的重要元素。在公共体育服务监督中，信息的传递是强化相关监管工作的关键。要想提供有效的公共体育服务，并且要想在过程和结果的监督中获得有效信息，就要重点关注所有利益相关者之间的信息流动。

常见的问题反馈渠道有两个：一是向上级主管部门反馈，二是向媒体反馈。媒体能够传达社会公众的呼声和共同意愿。媒体肩负的社会责任之一就是监督政府公共服务。报道政府公共体育服务的活动内容，揭露政府公共体育服务工作的不当行为，直接或间接地促进信息公开，是媒体监督的主要形式。媒体应积极传播正确的公共体育服务信息。公众也可将真实的信息向上传递，用自身的力量维护合法权益。同时，公众也可以将其偏好信息和对公共体育服务的评价更好地提供给政府和服务提供者。

### 6.建立参与式的问责机制

问责机制的创立有助于给受众提供一个反馈问题的渠道。这里可以运用世界银行所提出的公共服务问责机制来对公共体育服务监管的基本问责机制进行设计。该机制主要由公众、非政府供给组织和政府构成问责的三方（见图6-1）。三方之间的要求包括，服务需求和社会监督是公众和政府之间急需解决的问题，供给协约和市场监管是政府与非政府公共服务提供者之间建立合约机制的关键；服务供给和政府的内部治理的问责存在于公众和非政府组织的公共体育服务供给者之间。

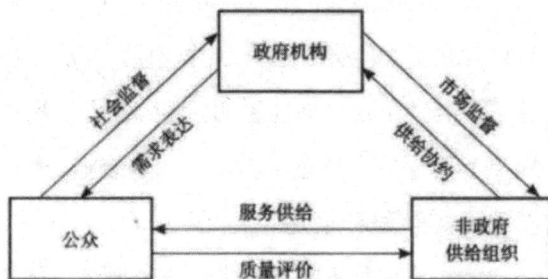

图6-1　公共体育服务监管问责机制的构成

在分析了上述问责机构的构成后，就应试图探寻能够强化公共体育服务问责机制的方法。经过研究，笔者认为以下几点措施可以起到强化问责的作用。

第一，要强化公共服务提供机构内部的治理机制，这是做好问责工作的基础。

第二，提高公共服务绩效的关键在于政府和公共服务提供者之间绩效合约的建立，要完善并强化二者之间的问责机制，在建立明确的绩效标准的同时紧密结合绩效。

第三，给予受众足够的反馈权利。受众是接受公共体育服务的直接群体，他们作为重要的利益相关者，自然应该成为公共服务监督评估过程中的重要一员，应在问责方案的制订、执行、效果评价等环节都有受众的身影，鼓励他们提出意见和建议，如此也更能体现出公共体育服务"以人为本"的理念。

## （四）公共体育服务监管体系的保障措施

目前，我国不断加大体育领域相关改革，公共体育服务改革也在计划之中。这些改革已经取得了初步成效，最直观的表现就是政府已经从单一的公共体育服务生产者变为服务的提供者、生产者、付费者和监管者。相信随着改革的不断深入，其中的监管职能会与其他职能相分离，这也是由监管职能的特殊性所决定的。对政府而言，从直接的行政干预转变为依法依规监管，是一个跨度很大的转变，尽管这种转变可能会使自身利益受损，但从宏观角度和公共体育服务事业的发展来看，其效果是显而易见的。因此，为使我国公共体育服务监管体系及其功能得到有力保障，特总结出以下几点措施。

### 1.建立完善的监管组织体系

在我国，多数公共体育服务职能是由地方政府统一规划并指导，并由基层政府负责提供和实际组织的。因此，从这个角度看，中央政府所提出的就是一种战略性的宏观方针，并不能对具体的体育服务进行一一指导。为此，要想实现公共体育服务的监管就需要地方政府牵头，建立相对独立的公共体育服务监管机构，重视该机构并给予相应的资源支持。

这种公共体育服务监管组织的建设更加贴近受众，因此这种监督更易于为人们所接受，能人们更好地接受体育服务。

### 2.强化监管手段的功效

要想使众多监管手段行之有效，就需要有意识地强化它们的功效。为此，首先就需要重视监管，时刻保持严肃、严谨的态度，而不是走形式和摆样子，特别是要对违规现象严加处罚，将这种破坏公共体育服务监管体系及其功能的行为扼杀在初期；其次相关监管机构应本着公开透明的原则定期向外界发布监管报告，提高监管的透明度和公共体育服务监管机构的政策影响力。具体来说，可尝试逐步建立公共体育服务宏观监测体系和公共体育发展预警体系，推进形成涵盖规划目标设计、运行监测、预警分析和绩效评价的公共体育服务监管组织体系。

### 3.提升监管人才的专业化程度和信息化管理能力

目前，我国的公共体育服务监管工作尚处于初期阶段，还有许多问题亟待解决和完善。为此，要下大力气培养专门的监管人才。在此之前，为了保证监管工作顺利进行，需要将与体育服务相关的人才纳入体育服务监管机构当中，使其发挥作用；同时要重视公共体育服务信息系统的构建，提高监管人才的信息化管理能力，为监管体系的顺畅运行提供重要支撑。

## 二、农村公共体育服务绩效考核体系建设

### （一）我国农村公共体育服务的绩效考核

#### 1.考核主体

由上级、本级、下级等内部考核主体和权力机关、政党组织、社会公众、大众传媒和专业的第三方考核组织构成的外部考核主体，共同构成了我国农村公共体育服务绩效考核的主体。自上而下的考核，由于具有一定的权威性和信息量，因此可以保证考核的客观、公正和全面，但同时有的下级部门在利益驱动的影响下也会弄虚作假。

#### 2.考核对象

考核对象又称考核客体，即绩效考核所作用的对象。通常来讲，绩效考核的客体为政府工作人员、公共组织和公共项目三种。具体来说，在社会组织这一系统中，有诸多的组织在其中相互作用、相互发生关系。不同类型的组织在社会组织这一大系统中又组成一个个子系统。美国学者菲利浦·科特勒（Philip Kotler）站在社会经济的角度，考虑到人们的需要，将社会组织分为企业、政府和非营利组织三大部门。

#### 3.考核内容

目前，对于农村公共体育服务绩效考核内容的界定尚不明确，通常主要从全民健身情况、公共体育场馆情况、体育活动情况、社会体育指导员情况四个方面进行考核。但是，针对上述四个方面的内容，也还没有形成具体、科学、全面、可操作的绩效考核指标。

### 4.存在的问题

（1）考核工作及其价值尚未引起足够的重视和认同

调查发现，体育系统的组织绩效评估严重滞后，主要有以下两个方面的表现：一是对于农村公共体育服务绩效的考核研究较少，绩效考评多集中于其他行业；二是从体育行政系统内部来看，主要针对个人绩效进行评估，体育组织总体绩效评估严重滞后。从西方比较成熟的组织绩效评估体系来看，将个人绩效和组织绩效评估相结合，更有利于促进公共体育服务绩效考核的发展。所以对于我国来说，更要重视体育系统的组织绩效评估。

农村公共体育服务的绩效评估是一个系统工程，应投入巨大的人力、财力和时间，同时常态化的绩效评估对于农村公共体育服务的绩效评估来说也是不可缺少的，否则评估的质量将无法保证。农村公共体育服务的绩效评估资金投入不足的原因主要有两个方面：一是政府内部对体育系统组织绩效评估的忽视，二是在公共体育评估方面体育行政单位没有单独经费拨款，面对有限的资源，政府往往会优先保证公共体育服务项目顺利完成。所以，农村公共体育服务绩效评估工作难以开展的现象时有出现。

（2）缺乏科学的评估指标体系，评估指标片面强调竞技体育指标

调查发现，目前一些体育行政部门并没有完全脱离"管理者"和"控制者"的角色。因此，在农村公共体育服务绩效评估中一些体育行政部门的"越位""缺位""错位"行为就不可避免。

评估地方政府的业绩，应以满足普通居民的公共体育服务需求为目标，同时将农村公共基础体育设施的完善程度、区域内居民可享受的体育设施的便利程度、体育活动的参与情况、科学健身的指导服务以及健身的信息建设水平作为重要指标。随着我国从"体育大国"向"体育强国"转变，政府提供公共体

育服务的能力和水平也不断提高，应改变将竞技体育作为唯一评价指标的情况，逐步完善多元化的政府绩效考核目标。

（3）评估过程缺乏规范性，评估结果的使用不到位

收集资料、确定评估目标、划分评估项目、绩效测定及评估结果的使用组成了一个完整的绩效考核体系，各环节缺一不可。因此，为了保证评估工作的全面性和有效性，各国都出台了相关的法律法规，以规范评估实践。

在农村公共体育服务绩效考核过程中必须有严格的控制和规范。否则，考核过程中存在的不正当行为就会使人民群众的合法权利受到侵害，并会影响相关考核的效果。另外，要高度重视农村公共体育绩效考核的结果，目前我国对于绩效考核结果的利用还不够成熟，主要表现为评估结果并不能很好地为干部的任用、奖惩提供依据。相对激进的一票否决和末位淘汰制度影响到了体育工作者的积极性。因此，要严格规范农村公共体育绩效考核机制中的每一个环节，严格、规范地选择评估技术和评估方法，只有这样，才能有效解决我国农村公共体育服务绩效考核中遇到的问题。

（4）评估仍以内部为主，评估主体比较单一

农村公共体育服务绩效评估的多元化适用于不同领域、不同层次、不同性质的体育组织。同发达国家的政府、民众以及专门的评估机构参与的多方民主评估相比，虽然我国在公共体育服务绩效考核的民主化进程中进行了很多的努力和尝试，但是在地方体育行政部门的评估活动中，目标责任制、组织考察以及工作检查仍是主要评估方式。在我国农村公共体育绩效考核中应着重突出民众对政府的监督，保障公民权利的实现。

不得不承认这些评估方法曾经在我国农村公共服务绩效考核中发挥过很大的作用，但是现在这些方法已经跟不上时代的发展。上级对下级的评估、同

行内以及体育行政部门内部的自我评议，使得体育行政部门扮演着运动员和裁判员的双重角色，缺乏人民群众的监督。在评估过程中缺少社会成员的参与，上级组织和领导垄断评估权，舆论评估流于形式，使得农村公共体育服务绩效考核的质量无法得到保障。虽然一些体育行政部门探索性地实行评估主体多元化的评估机制，但是毕竟是小众行为，评估主体多元化还有很长的路要走。

## （二）我国农村公共体育服务绩效考核体系的总体思路

### 1.必要性

#### （1）建设体育强国的现实背景

改革开放以来，我国体育事业取得了显著成绩。国家在投入大量人力、物力、财力发展竞技体育，通过竞技体育提升国家形象与实力的同时，也高度重视群众体育、体育产业等的发展。2008年北京奥运会后，我国体育事业发展战略作出了相应调整。可以说，体育大国向体育强国的转变是一个由注重"量"向注重"质"转变的过程。体育强国不仅指竞技体育的强大。建设体育强国应该是一个兼顾竞技体育、群众体育、体育产业、体育文化等多方面协调发展的过程。在体育强国大背景下，我国体育事业发展以建设体育强国为目标，以转变体育发展方式为主线，以建立完善符合国情、比较完整、覆盖城乡、可持续的公共体育服务体系为重点。由此可见，公共体育服务对于建设体育强国意义重大。公共体育服务是为了满足居民公共体育需求，向居民提供的公共体育产品和服务行为的总称。它是一项包括加强体育公共设施建设、发展体育公共事业、发布体育公共信息，为民众丰富生活和参与社会体育活动提供社会保障和创造条件等内容的惠民工程。判断公共体育服务开展的效果，就要看其对居民公共体育需求满足的程度，看其是否促进了居民的身体健康。因此，建立公共体育服务绩效评估体系具有非常重要的现实意义。

（2）构建服务型政府的基本任务

2004 年，时任国务院总理的温家宝在中央党校举办的省部级主要领导干部"树立和落实科学发展观"专题研究班的讲话上，首次提出要"努力建设服务型政府"。2007 年，党的十七大报告更是明确提出要"加快行政管理体制改革，建设服务型政府"。从此，构建服务型政府成为中国政府的发展方向。随着我国社会经济水平的提高和居民健身意识的增强，居民能够有兴趣、自发地参加体育活动，并且有充裕的时间和可支配的收入来享受公共体育服务。那么，如何评价公共体育服务就成了目前亟须解决的一个问题。

### 2.构建原则

（1）目标一致性原则

绩效评估指标体系与评估对象的战略目标、绩效评估三者保持一致就是目标一致性原则。

一方面，农村公共体育服务绩效评估的目的是引导、帮助政府检验其战略目标实现的程度，所以应该根据其战略目标来设定绩效评估指标。另一方面，战略目标的实现是通过一层一层的层级分目标的实现来保证的。因此，农村公共体育服务绩效评估的目的也是分层级的。这就客观要求一定层级的绩效评估指标必须与同一层级的绩效评估目的相一致，要服务于同一层级绩效评估目的的达成。一致性原则还要求指标体系能通过各项指标的相互配合，全面、系统地体现政府绩效的数量和质量要求。

（2）科学性原则

理论和实践相结合，以及采用的方法的合理性是体现科学性原则的两个主要方面。在农村公共体育绩效评估指标体系中，科学的理论可以为其在概念和逻辑结构上提供科学的指导。指标体系的合理选择可以全面、综合、系统地从不同侧面刻画出农村公共体育服务绩效的全貌，科学性是确保评估结果准确合理的基础，它包含特征性和一致性两方面的要求。

（3）可比性原则

绩效评估指标在制定上既要能进行横向比较，也要能进行纵向比较，也就是空间上和时间上的可比性原则。可比性原则的这些特征首先要求保证农村公共体育服务绩效各指标间的独立性，否则无法比较。其次，绩效评估指标必须反映农村公共体育服务绩效的共同属性，即保持质的一致性，这样才能比较两个具体评估对象在这一方面量的差异。

（4）可行性原则

指标体系的针对性、评估指标的可测性、公共服务绩效评估指标的现实可行性是可行性原则在农村公共体育服务绩效评估指标体系中的三个规定。指标体系的针对性要求公共体育服务绩效考核指标结合当地实际，符合当地标准。可测性要求评估指标可以运用现有的工具进行明确的测量，得出明确的结论。公共体育服务绩效评估指标的现实可行性要求在具体指标选取上确保指标具有共性，要有统一的口径，含义明确，体系设置简便，这样才有利于资料数据收集，才能增强可操作性。

（5）系统性原则

首先，系统性原则在指标体系上具有全面性和系统性，可以全面地体现农村公共体育服务的整体目标。其次，以系统优化的原则来确定指标数量和体系结构，能在避免指标体系过于庞杂的同时确保其达到总体最优。同时，不同的指标要代表性地反映不同的侧面，要突出重点，兼顾不同侧面。最后，在选择公共体育服务绩效评估方法时，要采用系统的方法，统筹兼顾各个要素，使评估体系达到整体功能最优，以对公共体育服务系统做出客观、公正、全面的绩效评估。

### 3.基本框架

评估的主体相互关系共同构成了评估系统。评估的内容是由评估需求者的需求来制定的。在确定的评估内容和正确的评估理论下，运用绩效评估方法，在一定的时间条件、空间条件和发展条件下进行绩效评估。一般来说，农村公共体育服务绩效评估可以分为评估主体、评估客体、评估指标、评估方法和评估程序五个部分。

评估主体，也就是谁来评估的问题，一般由主持和设计公共服务评估活动的人和机构构成，单个人、多个人、团体、机构都可以作为评估主体。

评估客体，主要就是评估的对象，是独立存在的客观实体，与评估主体有明显区别。

评估指标，就是能测评出一个系统的绩效质量和数量的一系列数值。包括评价对象各方及其相互联系的多个指标。

评估方法，也就是如何评估的问题，评估方法非常多。对于评估客体来说，我们在评估绩效时要选择或者设计与其实际相符合、特征相匹配的评估方法。

评估程序，也就是收集信息、明确评估目标、制订评估计划、建立评估标准、确定评估主体、培训评估人员、进行评估工作、反馈评估结果，它是一个绩效评估体系的标准流程，每一个环节对于绩效评估来说都不可或缺。

### 4.指标选取的流程

在农村公共体育服务绩效评价指标体系的构建中，指标选取主要有以下两个流程：

第一个流程为事先通过查阅文献资料以及发散思维来做好准备工作，初步确立绩效评估的指标。

第二个是运用德尔菲法进行指标的筛选与修正。这种筛选与修正的方法需要进行两轮。第一轮首先删除隶属度小于0.3的绩效评估指标，第二轮删除变异系数大于或等于 0.25 的绩效评估指标。然后再对在两轮筛选之后的剩余指标进行信度和效度的检验，这是整个德尔菲法筛选的关键步骤。在此之后，再对确定下来的绩效评估指标运用模糊综合评价法确定其权重系数，最终完成绩效评价指标的选取工作。

### （三）我国农村公共体育服务绩效考核体系的实施路径

#### 1.结合政府战略目标确定以满足公共需求为基础的价值取向

评估价值取向作为政府绩效评估的重要一环，也是政府公共服务绩效评估的前提和基础。绩效评估价值取向对于一个复杂的政府绩效评估工程来说，可以体现政府管理的战略取向，体现政府的自我改进，关系到人民群众对政府的期望。如果将这些也融入评估价值取向中，政府管理体系将会得到很大的提升。

公众的满意度和服务效果作为政府公共部门存在和发展的前提，可以很好地体现公共体育服务价值取向的结果导向、公民导向，由此也体现出构建公共体育服务体系能在一定程度上满足人民日益增长的公共体育服务需求。因此，在公共体育服务绩效评估过程中需要有公民的广泛参与，应在兼顾评价政府投入和产出的同时，将公众的满意度纳入评估体系，建立科学、准确的农村公共体育服务满意度测评制度，定期获取公众对公共体育设施建设、体育活动服务、体育组织服务、体育指导服务和体育信息服务等方面服务的满意度数据，并将这些作为绩效考核体系的重要指标之一。

#### 2.强化服务型政府职能，明确政府作为农村公共体育服务供给主体的责任

在构建农村公共体育服务绩效考核体系的过程中，政府应明确其作为农村公共体育服务供给主体的责任。政府主体应明确的职责和能力包含两个方

面的内容：一是各个政府部门的职责和权限，即不同政府部门应管理什么；二是各个部门在其相关的职责和权限内该如何管理，即各个政府部门管理公共服务的方式与手段。区分各个政府部门的工作水平正是依靠其职责权限、管理的方式与手段这两个重要标准。绩效评估的每一个环节都是为了实现组织使命和完成任务而存在的。

国家在相关规划中明确了各级体育行政部门作为依法行政的主体，有责任对区域内的公共体育服务效果进行监督、评估和反馈。因此，为了进一步建设服务型政府，各级体育主管部门应建立一整套目标明确、标准合理且符合当地实际情况的农村公共体育服务绩效考核体系，并从政策上、资金上和人力上制定一系列的配套措施。这里需要特别指出的是，区域性公共体育服务绩效考核评估的实施，不应只对各地各级政府工作效果进行简单评价，也可为该区域内的政府决策和规划制定提供重要的参考。我国农村公共服务体系建设的最终目标是实现均等化，因此笔者建议在具体落实绩效考核评估制度时，除了对考核优秀的评估对象进行奖励，更重要的是建立针对考核落后的评估对象的指导和扶持机制，打破原有的政府绩效考核"简单排名"的思维定式，以提升面向全体农民的农村公共体育服务质量为导向，强化"覆盖"和"效率"的要求，将绩效考核体系的功能从"激励"拓展到"指导"，最终实现服务型政府职能的转变。

### 3.推动绩效考核立法进程，建立规范化的绩效评估机制

政府绩效评估制度必须依靠法律的保障和规范才能够顺利进行。绩效评估可以提高政府部门的行政效率，有利于推动政府管理向规范、透明、标准化方向发展。制度化的政府监督管理机制需要有完善的法律作为保障。健全绩效评估体制不是短时期内就能完成的，也不可能一次到位，在立法滞后的情况下，相关行政单位应在已有的法律规定的框架内活动，并结合实际情况不断为完善

绩效考核法律法规建言献策。绩效评估制度不同于政府内部的总结和评估工作，绩效评估制度对部门工作进行的评估更加规范和透明。

建立规范化的绩效评估机制是推动我国农村公共体育服务体系构建的重要保障。规范的农村公共体育服务绩效评估机制，应紧密结合我国农村公共服务体系建设的均等化目标，对面向公众的公共体育服务进行系统性分析，明确考核的主体、客体、核心指标等主要内容，同时对绩效考核评估工作的责任主体、经费投入主体、内容审核主体等做出明确的规定，为政府执行农村公共体育服务绩效考核体系提供有力的依据。值得注意的是，要保持公共体育服务绩效考核的长期性、稳定性并不容易。即使构建了完善的绩效评估系统，维持其正常运转也是一个很大的挑战，责任心、实践、努力、资源缺一不可，这无论是对于发达国家还是发展中国家来说，都有许多的难题需要克服。

同时，我国建立农村公共体育服务绩效考核机制的另外一个挑战就是，我国公共体育服务的供给主体并不仅限于体育主管部门，还需要教育、卫生、文化等部门的协同推动。因此，在建立绩效评估机制时必须考虑多部门联动和协调的特点，在机制规划和设计上大胆创新，注重实效，建立联席会议制度和数据资源共享平台等，使绩效评估的结果能够真正反映农村公共体育服务现状。

### 4.引入"第三方评估"，加速政府职能转变

传统自上而下的政府系统内部评估，不能保证绩效评估的质量，往往会使其流于形式，引入第三方评估可以防止政府机关及其工作人员不规范评估行为的产生。

引入第三方评估主要有以下几个优点：一是满足最有发言权的市场主体和政府服务对象的权益；二是第三方评估可以进行独立的评估，保证对政府的绩效和政策落实情况采取客观中立、公平公正的态度；三是一改传统政府内部的

自我评估，创新了市场评估的绩效监管考核模式，能够保证评估结果的质量。目前，第三方评估在提高政府绩效、刺激政策落实方面起到了很大的作用，第三方评估也成了一种倒逼机制，能够促使政府服务部门自我纠错，自我改正。

第三方评估在国外应用得较为广泛，其优势主要来源于其所具有的独立性和科学性。一般而言，第三方评估人员大多来自高等院校、研究机构或非营利组织等部门，他们具备较高的素养，专业知识过硬，掌握了较为先进的数据分析技术，同时其与各地各级政府没有直接的利益关联，在评估过程中较少受到评估对象的影响。此外，第三方评估机构还可以充分发挥其在人力和技术上的优势，在数据的深入挖掘分析和国内外的横向比较上，为政府决策提供更具有参考价值的报告。

5.以公众为对象，发布既科学公正又通俗易懂的评估结果

农村公共体育服务绩效评估本质上是从多角度对政府公共服务绩效进行评估，绩效评估不仅内容十分广泛，包括政府公共服务部门的全部工作流程，同时在评估的时间条件、组织方式上也有多种选择。不论评估程序、评估指标是否复杂、完整，评估结果的发布都需要与社会公众的需求紧密结合，客观、公正地体现政府公共服务的效能。这样不仅可以让公众了解到公共服务的现状，而且他们也可以根据所发现的问题，提出相关的建议和意见，促使政府管理进步，防止绩效评估工作流于形式。

农村公共体育服务绩效评估的结果应定期向社会公布，让普通公众可以更加全面而准确地掌握本地政府部门提供的公共体育服务的状况，了解政府重点建设和投入的领域及其实际成效，对政府在公共体育服务中的行为进行监督。评估报告的发布应明确阅读的对象为普通民众，是给人民大众而不是领导看的，这就要求报告的撰写通俗易懂，具有较高的可读性。报告在具体编写过程中可以借鉴一些"指数"的评估和发布形式，以"指数"的表达方式反映现状

和变化态势。此外，作为向社会公开发布公共体育服务基本状态的重要方式，绩效评估报告中还应注意收集、整理、分析和发布一些农村公共体育服务的基础性数据，如人均场地面积、经常参与体育锻炼人口比例和体质测试达标率等，以为社会提供信息服务，方便民众对其进行监督。

# 参 考 文 献

[1] 安杰. 安徽省农村公共体育服务供需矛盾和治理路径研究[D]. 南京：南京体育学院，2021.

[2] 部义峰. 我国公共体育服务表达与供给联动机制研究：以社会分层为视角[M]. 长春：吉林大学出版社，2020.

[3] 曹烨程. 新型城镇化背景下我国城乡群众公共体育服务体系的建设研究：以河北省为例[M]. 北京：北京理工大学出版社，2017.

[4] 陈德旭. 社会治理视域下我国农村公共体育服务体系建设与运行研究[D]. 上海：上海体育学院，2017.

[5] 陈君珠，杨光兰，刘爱军. 乡村振兴背景下我国农村公共体育治理体系构建研究[J]. 安徽体育科技，2022，43（1）：12-15.

[6] 戴健. 公共体育服务体系建设[M]. 上海：上海交通大学出版社，2015.

[7] 戴君龙. 我国现代化农村公共体育服务治理体系的构建[J]. 湖北体育科技，2020，39（11）：986-989.

[8] 戴君龙. 乡村振兴战略下江苏省农村公共体育服务治理体系的构建研究[D]. 南京：南京体育学院，2021.

[9] 丁方凯，陈德旭，邵凯，等. 体育精准扶贫与农村公共体育治理体系构建研究[J]. 沈阳体育学院学报，2019，38（4）：44-49.

[10] 范叶飞，马卫平. 体育治理与体育管理的概念辨析与边界确定[J]. 武汉体育学院学报，2015，49（7）：19-23.

[11] 方汪凡，王家宏. 体育旅游助力乡村振兴战略的价值及实现路径[J]. 体

育文化导刊，2019（4）：12-17.

[12] 高枫. 乡村振兴背景下三治融合的乡村治理体系研究[D]. 郑州：郑州大学，2019.

[13] 顾慧亚，王晓军. 全民健身路径与公共体育服务体系建设研究[M]. 北京：九州出版社，2018.

[14] 郭广运. "乡村振兴战略"背景下我国农村公共体育服务体系构建研究[C]//中国体育科学学会体育社会科学分会. 2018 年全国体育社会科学年会论文集. [出版者不详]，2018：5.

[15] 郭恒涛. 公共体育服务适度市场化管理模式研究[M]. 北京：中国社会出版社，2019.

[16] 花楷. 我国体育公共服务财政政策研究[M]. 武汉：湖北人民出版社，2018.

[17] 霍军. 农村体育公共资源均衡配置及实践路径研究[M]. 北京：北京体育大学出版社，2018.

[18] 李国. 城市社区公共体育服务系统非平衡演进研究[M]. 北京：九州出版社，2020.

[19] 李洪波. 城市社区公共体育资源合理配置研究[M]. 济南：山东人民出版社，2015.

[20] 林丽芳. 健康中国背景下我国农村公共体育服务体系构建研究[J]. 湖北科技学院学报，2021，41（4）：99-105.

[21] 刘兵. 新编体育管理学教程[M]. 2 版. 上海：复旦大学出版社，2017.

[22] 刘蕾，胡庆山，刘安清等. 农村体育公共服务体系理论的构建与研究[J]. 湖北体育科技，2012，31（5）：535-537+563.

[23] 刘霞. 我国公共体育服务政策执行现状分析[J]. 当代体育科技，2015，5

（33）：150-151+153.

[24] 鲁青青."国家治理体系和治理能力现代化"基本概念内涵探析[J].青年时代，2016（19）：2.

[25] 马腾.公共体育服务体系建设[M].长春：吉林大学出版社，2018.

[26] 潘琳."互联网＋"背景下社会组织多元协同治理研究[M].北京：中国社会出版社，2018.

[27] 齐立斌.新农村公共体育服务理论体系的架构[J].河北体育学院学报，2011，25（2）：4-9.

[28] 秦欢.我国体育公共服务政策变迁研究[D].北京：北京体育大学，2015.

[29] 秦尉富.城市化背景下农村体育的多维分析与发展研究[M].北京：新华出版社，2018.

[30] 邱建钢，赵元吉，王莉丽.多元经济背景下构建川渝两地农村体育公共服务体系的路径探索[M].成都：电子科技大学出版社，2012.

[31] 宋伟，鲍东东.苏州公共体育服务体系示范区建设[M].合肥：中国科学技术大学出版社，2016.

[32] 隋路.中国体育资源配置效率研究[M].北京：社会科学文献出版社，2011.

[33] 孙锋.公共体育服务体系构建与运行研究[M].长春：吉林人民出版社，2021.

[34] 唐丛丛.乡村振兴战略背景下我国农村公共体育服务的治理路径研究[D].徐州：中国矿业大学，2019.

[35] 唐鹏，潘蓉，刘嘉仪.农村公共体育服务体系的建构研究[J].体育与科学，2010，31（6）：53-57.

[36] 陶李.我国农村社区体育公共服务现状及体系构建[D].广州：华南理工

大学，2013.

[37] 陶冶.安徽省体育公共服务的政策选择与制度安排研究[D].芜湖：安徽工程大学，2013.

[38] 王家宏.我国公共体育服务体系研究[M].苏州：苏州大学出版社，2016.

[39] 王丽萍.创新驱动发展战略下公共体育服务对口支援机制研究[M].长春：吉林大学出版社，2021.

[40] 王亚华，苏毅清.乡村振兴：中国农村发展新战略[J].中央社会主义学院学报，2017（6）：49-55.

[41] 吴泰阳.乡村振兴战略下兰州市农村公共体育服务绩效评价体系构建及实证研究[D].兰州：西北师范大学，2022.

[42] 肖伟，田媛，夏成前.乡村振兴战略下农村体育发展方向与路径研究：基于乡村振兴与体育发展关联的辨析[J].武汉体育学院学报，2019，53（1）：24-29.

[43] 谢叶寿.政府向非营利组织购买公共体育服务研究[M].芜湖：安徽师范大学出版社，2017.

[44] 谢正阳，汤际澜.城乡基本公共体育服务均等化研究[M].苏州：苏州大学出版社，2018.

[45] 许冬明，李显国，杨继星.城乡统筹发展下我国农村公共体育服务体系的构建与优化[J].西安文理学院学报（自然科学版），2020，23（3）：107-111.

[46] 郇昌店.城镇化进程中我国农村公共体育服务发展模式研究[M].北京：北京体育大学出版社，2013.

[47] 杨桦.深化体育改革推进体育治理体系和治理能力现代化[J].北京体育大学学报，2015，38（1）：1-7.

[48] 姚绩伟，丁秀诗.中国城市社区基本体育公共服务公众满意度测评研究[M].桂林：广西师范大学出版社，2022.

[49] 叶兴庆.新时代中国乡村振兴战略论纲[J].改革，2018（1）：65-73.

[50] 余卫东.转型期我国体育公共服务政策执行阻碍及对策研究[J].赤峰学院学报（汉文哲学社会科学版），2011，32（6）：260-263.

[51] 张可，刘琳著.公共体育服务体系分析与科学建设研究[M].徐州：中国矿业大学出版社，2018.

[52] 张献辉.公共体育服务体系科学化构建研究[M].长春：吉林大学出版社，2020.

[53] 赵立功，白素萍.新型城镇化进程中京津冀公共体育服务研究[M].石家庄：河北科学技术出版社，2019.

[54] 周东华.以需求为导向的湖北省农村公共体育服务供给策略研究[M].天津：天津科学技术出版社，2021.

[55] 朱小龙.我国体育彩票业政府规制改革思路[J].武汉体育学院学报，2012，46（12）：34-38.

[56] 朱征宇.广州市公共体育服务体系的构建与完善[D].广州：华南理工大学，2011.